Penser forêt

Collection *Monde en cours*
créée par Jean Viard

Ouvrage édité par Pierre Viard

Série « La Terre en vie »

Cette série s'intitule « La Terre en vie », car elle porte sur les intersections entre enjeux écologiques, économiques et sociétaux. Elle a comme objectif de contribuer à la description de notre monde tel qu'il existe, avec ses beautés et ses disgrâces, et d'imaginer un monde possible soutenable dans lequel chacun pourra vivre dignement et jouir de ses libertés fondamentales. L'écologie est une problématique mondiale, prendre la Terre comme référentiel paraît donc une évidence. Une Terre en vie, une Terre à vivre, une Terre à partager !

PIERRE VIARD

www.editionsdelaube.com

ISBN 978-2-8159-5675-8

Daniel Perron
Gilles Van Peteghem

Penser forêt

Agir contre l'anthropocène

éditions de l'aube

« Comme Walser est content ! À peine ouvre-t-on la porte de sa maison – il le sent bien – que l'on pénètre dans un autre monde. »

GONÇALO M. TAVARES[1]

1. Gonçalo M. Tavares, *Monsieur Walser et la forêt*, Paris, Viviane Hamy, 2011.

Introduction

18 juin 2022, la France suffoque à la veille du second tour des élections législatives. Dans le contexte d'une journée de réserve de la parole politique, les chaleurs enregistrées par Météo-France font la une. Et ces températures sont peut-être ce qu'il y a de plus politique, parce qu'elles questionnent notre monde, notre civilisation fondée sur l'épuisement des ressources de la nature, et finalement la capacité même de l'humanité à survivre.

Les textes des accords internationaux fixent l'objectif de limiter le réchauffement climatique à +2 °C à la fin du siècle depuis l'ère préindustrielle, mais l'anthropocène continue de brûler le monde[1]. En janvier 2023, le verdict tombe : 2022 a été l'année la plus chaude en France avec 14,5 °C de température moyenne et un déficit pluviométrique de 25 %. Dans le courant du premier trimestre de 2023, les informations font état d'un possible réchauffement de 4 °C en France…

Pour les forêts déjà fragilisées par de telles conditions climatiques, le temps est venu de l'ère des méga-feux. Ils touchent toutes les latitudes, de la Sibérie à l'Australie, de la Grèce aux États-Unis en passant par le Portugal et cette année 2023 le

1. Parmi une littérature désormais très abondante, pour une approche didactique de la crise climatique, voir Christophe Cassou, Valérie Masson-Delmotte, *Parlons climat en 30 questions*, Paris, La Documentation française, 2022.

Canada où la barre des 13,7 M hectares brûlés a été franchie le 21 août, une superficie plus grande que la Grèce. Les forestiers en ont parfaitement conscience depuis des années. Ce 18 juin 2022, la question est de savoir quand cela arrivera, comment nous devons nous préparer et ce qu'il faut faire dès maintenant. Il n'a pas fallu attendre longtemps. Les Landes de Gascogne, à Landiras et à la Teste-de-Buch vont rapidement illustrer l'avenir. Deux feux hors de contrôle qui sidèrent.

Mais le pire est sans doute la découverte que désormais aucune partie de notre territoire national n'est à l'abri. La Bretagne est touchée, le Jura… Des territoires que le grand public n'avait pas identifiés comme inflammables. En Bretagne, dans la forêt de Brocéliande, des effectifs suédois sont venus aider les pompiers français. Le fond de l'air brûle. 72 000 hectares, avec 19 711 feux enregistrés durant l'année 2022[1]. Sept fois plus que la moyenne annuelle des surfaces brûlées depuis dix ans. À l'échelon européen, du 1er janvier au 19 novembre, 785 000 hectares ont brûlé. Alors que la moyenne était de 317 000 hectares entre 2006 et 2021, en 2022 les incendies de forêts en Europe représentent le double de la moyenne. Une tendance haussière apparaît, puisqu'en 2021 nous avions déjà enregistré plus de 500 000 hectares incendiés.

La mèche du dérèglement climatique est partout allumée. Sans parler de la fonte des pôles qui laisse les scientifiques effarés, les événements violents se succèdent désormais à une vitesse inédite. Ils remettent en cause notre manière d'habiter la planète, notre civilisation somnambule devant l'irrémédiable dégradation. Jugeons-en. Au Bangladesh, confronté à partir de la mi-mai 2022 à des crues catastrophiques à la suite de pluies torrentielles, plus de 4 millions de personnes ont été affectées dans le nord-est du pays. En Belgique, le même phénomène

1. Statistiques officielle du ministère de l'Intérieur, 12 avril 2023.

torrentiel touche, à partir du 13 juillet 2021 dans la province de Liège, une partie du pays, faisant de cet épisode la pire catastrophe climatique connue par le pays avec 39 morts et des centaines de millions d'euros de dégâts. En France, la vallée de la Roya a été dévastée en octobre 2020 par un phénomène rappelant les grands épisodes torrentiels du milieu du XIXe siècle qui avaient conduit Napoléon III à activer la politique de restauration des terrains de montagne. En Italie, un énorme bloc de glacier s'effondre le 3 juillet 2022 à la suite de fortes chaleurs déstabilisant le sol. En ce printemps 2022, l'Inde et le Pakistan ont subi des températures de plus de 50 °C, seuil de mise en danger de mort des populations, au Nigeria, des inondations historiques ont tué 600 personnes, ravagé l'agriculture…

Il n'y a plus de havre désormais. Là sont les désastres auxquels s'additionnent encore les multiples dégâts préoccupants pour l'agriculture et notre capacité à nous nourrir, des épisodes de gel ou de sécheresse. Ici la vigne, ailleurs les blés, maïs, fruits et légumes…, allumant une guerre de l'eau dans certaines régions, où le principe des bassines réserves pour les agriculteurs divise, tandis que les restrictions d'usages vont se multiplier, à l'instar de l'interdiction des piscines hors sol décidée par le ministère de la Transition écologique à compter du 10 mai 2023 pour le département des Pyrénées-Orientales du fait d'une sécheresse inédite. La situation économique est devenue si difficile sur le plan des catastrophes naturelles que le régime assurantiel des calamités agricoles a été modifié par la loi du 2 mars 2022, qui vise à mieux couvrir les agriculteurs contre les sécheresses, gels, inondations, etc. *De facto*, la promesse des Lumières du XVIIIe siècle de nous permettre de maîtriser l'avenir de l'humanité que nous avons fait vivre avec la technoscience-économie échoue brutalement. La nature, désormais, dicte son tempo au politique rattrapé dans ses réticences à agir de manière préventive et trop souvent d'une timidité maladive dans ses réponses.

Ce 18 juin 2022 en est un exemple, qui semble orienter tous les regards vers le ciel. Depuis la veille, l'Office national des forêts (ONF) a interdit par arrêté l'accès aux véhicules à moteur dans l'ensemble de la forêt d'Orléans jusqu'à la fin de l'épisode d'alerte caniculaire. La carte de Météo-France prend la forme d'un concours de records. 41,3 °C à Martizay dans l'Indre, 41 °C à Bordeaux, 40 °C à Auxerre, 39 °C à Poitiers et Orléans… Au lever du jour, il faisait déjà 23,9 °C à Belle-Île-en-mer, transformée en île tropicale. La nuit devenue plus chaude que les jours habituels dans ce golfe du Morbihan où s'évaporaient les dernières illusions d'une poche de quiétude climatique. Tout le monde est touché.

À la recherche du refuge de l'ombre des canopées, nous prenons peut-être collectivement conscience de l'importance acquise par les arbres dans ce tournant pour notre vie future. Pas seulement les nôtres, mais bien les 73 300 espèces qui peuplent la planète. Les forêts qui les contiennent avaient été mises en avant à Rio, en 1992, dans une Déclaration de principes non juridiquement contraignante, ce qui lui donnait une orientation morale, avec une formule embrassant l'entièreté des forêts du monde : « Les forêts de tous types matérialisent des processus écologiques complexes et spécifiques sur lesquels repose leur capacité actuelle et potentielle de fournir les ressources permettant de répondre aux besoins de l'humanité dans le respect des valeurs écologiques ; à ce titre, la gestion rationnelle et la conservation des forêts sont un sujet dont se préoccupent les gouvernements des pays auxquels elles appartiennent et qui intéresse les collectivités locales et l'environnement dans son ensemble[1]. »

---

1. *Déclaration de principes, non juridiquement contraignante, mais faisant autorité, pour un consensus mondial sur la gestion, la conservation et l'exploitation écologiquement viable de tous les types de forêts*, Rio, 1992.

Il y aurait beaucoup à dire de cette philosophie qui tend à focaliser le regard sur une forêt instrumentalisée à notre service. Mais elle n'est pas l'apanage de 1992, loin de là. À cette date, la forêt retrouvait son importance civilisationnelle que la découverte du réchauffement climatique n'a fait qu'amplifier. On l'oublie, mais c'est d'elle que l'humanité tire son premier développement. Sans rêver à l'ancêtre commun enseigné par Yves Coppens, force est de constater le cordon ombilical entre l'humanité, la civilisation et la forêt. Sans bois, pas de feu, pas de maison, de charpente, de roue, d'instruments agricoles, de bateaux, de carrioles, pas de transport, d'échanges... Imaginez le monde des Vikings placé sous l'égide du frêne Yggdrasil sans drakkar... D'où l'humanité aurait-elle puisé l'énergie de son développement ? Sa capacité à tirer le meilleur parti de son alimentation par la cuisson ? Les forestiers français citent à l'envi cette réflexion de Colbert devenue mantra selon laquelle ne pas protéger les forêts nous conduirait à la ruine. Mais comment faire lorsque la machine s'emballe et que les prévisions les plus pessimistes des scientifiques du groupe d'experts intergouvernemental sur le climat (GIEC) apparaissent dépassées ?

Le monde maritime et littoral le sait bien, lui, que l'affaire est mal engagée. Les scientifiques annoncent depuis des années la hausse à venir du niveau de la mer. Sur la planète, certaines îles sont en sursis. En 2009, lors du Sommet sur le changement climatique de l'Assemblée générale de l'ONU à Copenhague, le président de la République des Maldives, Mohamed Nasheed, exprimait ses cauchemars de manière transparente : « On sait qu'avec une élévation d'un niveau de la mer de 1,5 m, des centaines de millions de personnes mourront. Ils seront tout simplement balayés. » Les Maldives en danger, comme les îles Kiribati condamnées à la noyade seront les images d'un paradis perdu par l'humanité incapable de réfréner des élans consuméristes destructeurs, de penser autrement le développement que par l'émanation toujours accrue des émissions de gaz à effet de serre qui nous condamnent au réchauffement.

L'humanité shootée aux énergies fossiles à bas prix marche tel un zombie vers la fosse commune. Et ce ne sont pas seulement les géographies îliennes lointaines que le réchauffement anthropique redessine. Les continents aussi seront attaqués par la montée des eaux. En France, une stratégie nationale de gestion du trait de côte a été mise en place et un mécanisme de préemption institué pour protéger les populations possiblement touchées. Les cartes littorales françaises sont amenées à bouger et les traits de côtes que nos enfants connaissent aujourd'hui pourraient n'être que des souvenirs lorsqu'à leur tour ils disparaîtront aux alentours de 2100. Dans cette sombre perspective, oubliez la Camargue, oubliez les forêts landaises sans la protection du cordon dunaire balayé…

Pourquoi parler du littoral ? Parce que l'évolution des zones côtières, au-delà de nous-mêmes, met en danger, avec les effets du réchauffement climatique, les mangroves et ainsi des écosystèmes forestiers singuliers qui non seulement sont des puits de carbone spectaculaires, mais aussi des zones de dépollution remarquable des eaux.

Les Atlantides vont se multiplier. Voilà le monde que nous pourrions léguer à ne rien faire de sérieux. Voilà le monde que nous traçons si nous n'agissons pas. En cet automne 2022, des températures inquiétantes dépassant les 20 °C dans la partie nord du pays, nous apprenons que nous étions encore trop optimistes. Le 17 octobre, le journal du CNRS annonce le pire : « Si les tendances actuelles d'émissions de carbone se maintiennent, la température moyenne de l'Hexagone sera 3,8 °C supérieure à celle du début du xxe siècle. Un chiffre qui pose d'immenses défis d'adaptation et qui promet des changements sévères dans l'agriculture et les écosystèmes français[1]. »

Bilan sinistre d'une histoire du futur produite par une société de l'instant où l'ignorance du temps long est survalorisée. Dans ce monde, le forestier devient souvent étranger lorsqu'il commence à parler aménagement des forêts, héritages empiriques, adaptation aux changements climatiques. Quoique des frémissements peuvent désormais lui répondre lorsqu'il envisage qu'au rythme actuel de nos réponses au défi climatique il n'y aura plus, sous nos latitudes, de chênes en plaine dans cinquante ans, que les châtaigniers ne feront plus partie de nos paysages, que l'orme sera un souvenir de vieillard, il a été encore trop souvent écouté de manière un peu distraite. À l'heure où nous écrivons ces lignes (mai 2023), bien que des annonces qu'il faut saluer soient faites pour planter un milliard d'arbres en France en dix ans, installer une météo des forêts, etc., le mot « forêt », après tout, n'est même pas dans l'intitulé officiel d'un ministère ou d'un secrétariat d'État. Même le ministère en charge n'a pas le mot « forêt » sur sa plaque officielle rue de Varenne. En termes de symbolique politique, cela veut dire qu'il n'évoque rien de stratégique aux designers de l'action publique.

Un peu dépité de cette invisibilité, le forestier est aujourd'hui pourtant celui qui sait le mieux saisir cet impératif de recul avec ses compères géologues et climatologues qui examinent les carottes glacières pour détecter le changement des temps. Sa carotte à lui, ce sont les cernes des arbres qui racontent les sécheresses, les années pluvieuses à travers les siècles. À l'échelle locale, chez vous, la mémoire du climat se

1. Sebastian Escalon, « Le réchauffement climatique en France s'annonce pire que prévu », *CNRS Le journal*, 17 octobre 2022.

trouve dans la croissance de vos arbres. Son ralentissement actuel devrait inquiéter au-delà de la communauté forestière.

Devant la catastrophe que l'humanité contemple, ce livre vient dire qu'il est encore temps, que nous pouvons collectivement agir si nous comprenons ce qui se passe. La connaissance des fonctionnements de la forêt peut déciller quelques regards. Si chaque tonne de CO_2 laissée à l'atmosphère compromet l'avenir, chaque tonne absorbée en forêt, enfermée dans le matériau bois que nous utilisons ou dans le sol, constitue un espoir. Si chacun de nos sévices ignorants de la nature met en danger des écosystèmes et les espèces qui y vivent, chaque effort de reconstitution ou de protection garantit l'avenir.

À cet égard, il faut dire un mot des mécanismes économiques mis en place pour tenter d'atténuer nos émissions de gaz à effet de serre, qui touchent directement la forêt. La compensation carbone que le GIEC a mis en avant dans son rapport du 4 avril 2022 trouve un développement qu'il faut certainement louer. Il s'agit, pour simplifier, de développer des projets qui permettent de retirer du CO_2 de l'atmosphère, tant il est vrai que nous avons définitivement trop émis de ces gaz qui nous mettent en péril. Il faut les séquestrer hors de l'atmosphère. La forêt est évidemment un instrument *a priori* idoine pour ce faire. Les arbres absorbent et stockent durablement le CO_2. Il faudrait donc très vite inverser la tendance. Que l'on ne déforeste plus à l'échelle mondiale, mais que l'on regagne de l'espace forestier. Le GIEC préconise une couverture forestière additionnelle. Il chiffre même la surface, qu'il estime à 322 millions d'hectares à planter d'ici à 2050. Objectif qui n'est pas finalement si énorme alors que l'humanité a détruit 420 millions d'hectares de forêts entre 1990 et 2020. En trente ans, il nous faudrait reconstituer trois quarts de l'espace disparu durant le même lapse de temps. Au fond, l'on pourrait imaginer basculer un temps dans une nouvelle ère des forêts, un sylvocène, pour lutter contre l'anthropocène.

La difficulté réside dans le fait que nous prenons chaque jour du retard et qu'il nous faut d'abord lutter contre les causes profondes de la déforestation, qui répondent en réalité au modèle de développement économique dominant, à la croissance exponentielle de l'humanité passée durant ces trente années de 5,3 milliards d'humains à 8 milliards désormais… Et les projections futures n'anticipent pas une baisse immédiate, pour le moins puisque c'est encore pour nos forêts l'équivalent de la surface d'un terrain de football qui a disparu toutes les 5 secondes en 2022. La pression humaine sur les espaces naturels n'en est que plus forte par les besoins décuplés par exemple pour l'alimentation, dont la production est la cause majeure de la déforestation. Dans ce contexte, comment reconquérir l'équivalent de la surface de l'Inde ? L'exemple de l'Europe est intéressant, où la forêt ne cesse désormais de croître, notamment sous l'effet de la déprise agricole. L'espace libéré ici est reconquis par la forêt. Mais c'est sans compter, par exemple, sur la déforestation importée du fait de la culture des protéines végétales en Amérique latine notamment, destinée à nourrir principalement nos élevages… La compensation carbone entre agriculture et forêt est déjà un sujet au regard des pratiques mondiales. Il faut ajouter le reste. Comment compenser les émissions du transport routier ou aérien, ceux de la publicité, des compétitions de football, du logement…, de toutes nos activités en réalité ?

Mettre en place un marché. Oui, mais cela conduit à penser que les riches achèteraient le droit de polluer en payant d'autres acteurs pour effacer leur empreinte carbone. Payer la frugalité des autres… Beaucoup pensent qu'une telle orientation relève à la fois de la perpétuation des inégalités et du *greenwashing*.

Reste qu'à défaut de réduction des émissions, donc de changement de modèle, d'extinction des énergies fossiles…, il faut compenser. À cet égard, comme nous l'avons dit, la forêt, donc, joue son rôle. En France, un label bas carbone a vu le jour en 2019 sous l'égide du ministère de la Transition écologique. Les entreprises ou collectivités peuvent compenser leurs émissions résiduelles à travers des projets, dont la plantation de forêts. La forêt puits de carbone détient toute sa légitimité et ne devrait pas manquer manquera, par ce mécanisme, de financements.

Mais le carbone n'est pas tout. La question de la reforestation pose aussi la problématique de la biodiversité. Quoi replanter et où ? Avec quels effets biologiques ? Il faut ici tenir compte des écosystèmes, des équilibres à l'œuvre. La capacité même des forêts à continuer de capter suffisamment de carbone pose question. Non seulement chez nous, mais partout. Il n'est donc pas besoin d'aborder frontalement cette question de la compensation, qui, finalement, pose des questions forestières classiques que nous traiterons hors de cet aspect pour aider à comprendre les enjeux de la perpétuation des forêts.

L'horizon du désastre n'est pas totalement bouché. L'humanité progresse dans la connaissance des lois de la nature. Aristote, déjà, attribuait une âme aux arbres et aux plantes, reconnaissant leur appartenance au vivant, mais sans interaction avec leur environnement ; vivant ainsi réduit à l'étage inférieur de nos attentions, en dessous des animaux encore aujourd'hui victimes, parfois, d'une forme de vision mécaniste et utilitariste, réduits à l'état d'objet dans notre droit malgré la reconnaissance récente de la qualité d'« être sensible ». Au XVIIIe siècle, parmi d'autres, Henri-Louis Duhamel du Monceau contribuait à l'évolution du savoir en posant en préface de sa *Physique des arbres* qu'il lui semblait qu'« on ne pourra pas [...] disconvenir que les plantes ne soient des êtres vivants[1] », comme s'il fallait le réaffirmer pour avancer, avant que Darwin vienne faire le ménage dans l'évolution.

En forêt comme ailleurs, s'appuyer sur la science comme lieu du débat ne se négocie pas. Et le temps a fait son œuvre. Les scientifiques ont appris, depuis quelques décennies, à regarder différemment les forêts. Non pas comme des additions d'arbres individuels, mais désormais bien plutôt comme des réseaux végétaux solidaires, interagissant avec leur milieu, symbiotiques, ancrés dans le sol dans lequel le rôle des mycorhizes est essentiel. Cette approche nouvelle nous oblige aussi à penser autrement notre gestion du milieu en la plaçant dans la durée de la vie d'une biosphère dont nous ne cessons de découvrir seulement les ressorts dont nous dépendons. « Les forêts sont indispensables au développement économique et à l'entretien de toutes les formes de vie », posait la *Déclaration de principes* sur la question forestière de Rio que nous avons déjà citée. Aucun pays présent à cette grand-messe inaugurale ne peut plus dire qu'il l'ignore, et donc les négliger.

Et puisque le temps long est celui du forestier, rappelons le discours du vicomte de Martignac, ministre d'État, commissaire du Roi, le 29 décembre 1826 devant la Chambre des députés, alors qu'il ouvrait la discussion du code forestier promis par la Révolution et retardé jusque-là :

> La conservation des forêts est l'un des premiers intérêts des sociétés, et, par conséquent, l'un des premiers devoirs des gouvernemens. Tous les besoins de la vie se lient à cette conservation : l'agriculture, l'architecture, presque toutes les industries, y cherchent des alimens et des ressources que rien ne pourrait remplacer.

---

1. Duhamel du Monceau, *La physique des arbres*, Paris, H.L. Guérin & L.F. Delatour, 1763, T.1/2, préface XXVIJ.

> Nécessaires aux individus, les forêts ne le sont pas moins aux États : c'est dans leur sein que le commerce trouve ses moyens de transport et d'échange ; c'est à elles que les gouvernemens demandent des éléments de protection, de sûreté et de gloire. Ce n'est pas seulement par les richesses qu'offrent l'exploitation des forêts sagement combinées qu'il faut juger de leur utilité ; leur existence même est un bienfait inappréciable pour les pays qui les possèdent ; soit qu'elles protègent et alimentent les sources et les rivières, soit qu'elles soutiennent et raffermissent le sol des montagnes, soit qu'elles exercent sur l'atmosphère une heureuse et salutaire influence.
> La destruction des forêts est souvent devenue, pour les pays qui en furent frappés, une véritable calamité et une cause prochaine de décadence et de ruine. Leur dégradation, leur réduction au-dessous des besoins présents et à venir, est un des malheurs qu'il faut prévenir, une de ces fautes que rien ne saurait excuser, et qui ne se réparent que par des siècles de persévérance et de privation[1].

Ces mots rappelaient une doctrine forestière héritée de l'expérience. Un ministre imprégné de ce sujet, aujourd'hui, pourrait répéter les mêmes paroles sans trahir la réalité contemporaine.

L'écho de 1826 est en réalité la résonance d'une politique plus ancienne, d'une attention spécialement marquée pour les espaces boisés dès la fin du Moyen Âge. Bien avant l'idée de protection de l'environnement, émergée au XIXe siècle, il fallait protéger à la fois les revenus royaux tirés de l'exploitation du domaine forestier et l'espace de loisir dans lequel la royauté pouvait chasser selon son bon plaisir. Ce double intérêt patrimonial explique la célèbre formule de l'ordonnance de Brunoy, prise le 29 mai 1346

1. Chambre des députés, Séance du 29 décembre 1826, retranscrit dans Jacques Joseph Baudrillart, *Code forestier*, Paris, Arthus Bertrand librairie, 1827, t. 1/2, p. 1.

par Philippe VI de Valois, qui dispose que les maîtres des forêts doivent les entretenir « eu regard à ce que lesdites forêts et bois se puissent perpétuellement se soustenir en bon estat[1] ».

La formule sonne aujourd'hui comme lointaine préfiguration du « *sustenable development* » anglo-saxon installé à la fin du XXe siècle et traduit par l'expression « développement durable » en lieu et place de « développement soutenable ». Formule nouvelle au XIVe siècle, qui faisait néanmoins rappel de prescriptions déjà ordonnées par exemple dans l'ordonnance d'Asnières, le 2 juin 1319, où le roi ordonne à ses maîtres des forêts de les gérer « selon la quantité et l'estat de la forest ». C'est bien plus tardivement que les affaires militaires ajouteront à l'intérêt du Trésor royal la dimension de l'intérêt stratégique maritime. Colbert en est le promoteur le plus célèbre à travers l'ordonnance de 1669, cathédrale parmi les cathédrales de la politique forestière. Il s'agit ici de construire les futaies navigantes de l'armée et du commerce futurs[2]. Tronçais naît de là, forêt aménagée, construite par la volonté royale et pour la puissance du royaume, nous en dirons quelques mots. Le geste technique n'est pas tant à l'écart de celui qui, au XIXe siècle, apportera la création des forêts landaises tant décriées aujourd'hui et cependant indispensables dans notre schéma économique global. Loin des imaginaires d'une forêt sauvage, la futaie régulière de chêne inscrite à l'inventaire national du patrimoine culturel immatériel en juin 2022 est la conséquence d'une action politique continue qui, par sa permanence, finit par dessiner une politique publique. Nous y reviendrons.

1. Ordonnance sur les eaux et forêts, Brunoy, 29 mai 1346, dans Decrussy, Isambert, Jourdan, *Recueil général des anciennes lois françaises*, Paris, Belin-Le Prieur/Verdière, tome 4, n° 133 p. 522.

2. Sur l'histoire politique et juridique de la forêt, voir Daniel Perron, *La forêt française. Une histoire politique*, La Tour-d'Aigues, l'Aube, 2021.

La forêt est de « droit public », affirmait Sainctyon, le grand commentateur du droit forestier du XVIIe siècle. Il disait ainsi la fonction primordiale de l'État à endiguer les volontés privées de gestion de la forêt, la légitimité de l'État à imposer son droit pour contrôler la ressource stratégique au nom de ce que l'on nommait alors « la commodité publique[1] ». La Révolution française est venue scinder le public du privé, créant ce que l'on nomme le « Régime forestier », c'est-à-dire les règles spécifiques dévolues à la gestion des forêts des personnes publiques, que l'on désigne sous le nom de « forêts publiques ». C'est le domaine forestier de l'État, des communes, départements, régions…, dont l'ONF a la charge. De son côté, le propriétaire privé fut institué tout-puissant. Très tôt, cependant, dans le même mouvement, il pouvait être contraint de céder à l'intérêt public. Dans les bois et forêts aussi, « la nécessité publique, légalement constatée » affirmée à l'article 17 de la Déclaration des droits de l'Homme et du citoyen s'impose. Les besoins de la marine et de la guerre, toujours elles, justifiaient les premiers reculs de la souveraineté du propriétaire face à l'État. Puis vinrent peu à peu d'autres justifications, avec la question environnementale, la retenue des terrains de montagne ou encore la préservation des paysages, dont la « série artistique » de Fontainebleau est un premier acte[2]. La plasticité de l'Intérêt général nous offre aujourd'hui la possibilité de rassembler les pratiques forestières ; à tout le moins de réfléchir à ce qui peut continuer de justifier cette césure entre les forêts des

1. Voir Daniel Perron, « Les forêts sont de "droit public". La construction politique de l'intérêt général forestier par l'Ancien Régime », *Après-Demain*, à paraître.

2. Sur l'histoire de la préservation de Fontainebleau issue de l'action des artistes, voir Patrick Scheyder, *Des arbres à défendre. Georges Sand et Théodore Rousseau en lutte pour la forêt de Fontainebleau (1830-1880)*, Paris, Le Pommier, 2022.

personnes publiques et les forêts des personnes privées au cœur de notre droit forestier.

À l'heure du réchauffement climatique et de l'effondrement de la biodiversité, il apparaît qu'à rebours de la pensée dominante des révolutionnaires, la forêt demeure de droit public, toute la forêt. De ce point de vue, hors les questions liées à l'accessibilité du public, les infrastructures qu'elles peuvent accueillir, les différences faites entre forêt publique et forêt privée en termes de gestion technique doivent être interrogées et sans doute remises largement en cause en regard des défis que nous devons affronter. Leur dimension économique n'est évidemment pas en cause, comme nous le verrons. Pourtant, la nature imposant désormais son tempo à une humanité renvoyée à sa fragilité originelle, il nous faut accorder les regards.

L'approche de la forêt est en effet d'abord une question de perspective. Là où le professionnel voit le geste sylvicole des générations de forestiers dans leur capacité à ordonner la forêt, à lui faire jouer le rôle que la société lui assigne dans ce que l'éminent forestier Adolphe Parade appelait le « besoin d'ordre[1] », le riverain ou le promeneur, lui, convoque dans la forêt l'*arboretum* sentimental de ses nostalgies souvent enfantines, ses souvenirs d'un paysage intime où se mêlent la quiétude des temps révolus et l'aventure de l'inconnu d'une nature forcément sauvage. Bien sûr, dans cet espace forestier, le sauvage

1. Dans la notice historique précédant le Cours d'aménagement des forêts d'Henri Nanquette à l'école impériale forestière, Adolphe Parade, directeur de l'école, expose dès la première phrase : « L'art d'aménager les forêts est né d'un besoin d'ordre et de la préoccupation de sauvegarder les nécessités de l'avenir, tout en donnant satisfaction aux exigences du présent. » Adolphe Parade, « Notice historique sur l'art des aménagements », dans Henri Nanquette, *Cours d'aménagement des forêts, enseigné à l'école impériale forestière*, Paris/Nancy, Bouchard-Huzard/Grimblot, 1860, p.V.

demeure premier, à travers la faune et l'enchevêtrement d'une biodiversité considérable. Pourtant, nous y reviendrons tout au long de ce livre, la forêt française est anthropisée. Loin des forêts primaires qui font la une par les pillages et dévastations que nous leur infligeons, en Amazonie, en Afrique ou en Asie, nous vivons en Europe dans un espace modélisé par une civilisation qui n'a eu de cesse, depuis dix mille ans que l'agriculture existe, de mettre la nature à son service, d'ordonner les espaces à sa main en les transformant de manière radicale. À l'échelle de l'Union européenne, il n'y a guère plus que la forêt de Bialowieza, en Pologne, qui mérite ce qualificatif de « primaire ». C'est pourquoi s'exprime parfois ce besoin de reconstituer, par notre abstention, des espaces primaires ainsi que le propose le biologiste Francis Hallé. L'initiative mérite une grande attention, car elle pose là un changement de point de vue sur le rôle biologique de l'espace territorial. Le temps, ici, fera l'affaire si le politique le permet.

« Quel est donc cet être qui partage mon écoumène ? Quel est cet être amical qui m'héberge, qui m'abrite, qui me nourrit ? » demande le prix Goncourt et professeur agrégé de sciences naturelles Alexis Jenni dans une randonnée pédagogique à travers les feuillus de ses territoires géographiques et affectifs[1]. La proximité atavique, la communauté de vie entre l'arbre et l'homme enchaînent ce dernier à l'existence du premier. « Arbres de la forêt, vous connaissez mon âme », écrit Victor Hugo dans les *Contemplations*[2], celle de l'humanité dont les arbres conditionnent la survie.

À ce sujet, l'inquiétude s'impose. La statistique mondiale ne cesse de montrer la dégradation continue du couvert

1. Alexis Jenni, *Parmi les arbres. Essai de vie commune*, Arles, Actes Sud, 2021, p. 72.
2. Victor Hugo, *Les Contemplations*, Paris, Gallimard, 1973 [1856].

forestier[1]. Les forêts occupent 30,8 % de la surface terrestre de la planète. Donnée importante, leur superficie totale est de 4,06 milliards d'hectares. Cela représente environ 0,5 hectare par personne en 2020, proportion qui baisse à mesure que les humains sont plus nombreux et que nous continuons de déforester. Depuis 1990, nous avons perdu 420 millions d'hectares de forêts. La pente ne s'est pas inversée, loin de là, même si le rythme de déforestation a diminué de 40 % par rapport à la décennie 1990-2000, phénomène qui cache des disparités extrêmement importantes à travers le monde. La moitié de ces surfaces se trouvent dans cinq pays seulement : Fédération de Russie, Brésil, Canada, États-Unis d'Amérique et Chine, ce qui montre l'importance que les gouvernements de chacun de ces États détient sur le reste du monde quant à l'avenir du puits de carbone forestier. Or, le comportement du Brésil de l'ère Bolsonaro peut légitimement saisir d'effroi, tant sa doctrine met en danger la globalité de la forêt elle-même. Les nouveaux engagements de Lula élu en novembre 2022 rassurent. Ajoutée à ce laisser-faire des dernières années, la multiplication des incendies en Amazonie – 3 750 km^2 de végétation ont brûlé dans les six premiers mois de 2022, avec un record en janvier durant la saison humide[2] –, le point de bascule environnemental se rapproche, moment où nous ne pourrions plus endiguer un phénomène d'impossibilité de régénération naturelle de l'Amazonie… La suite serait cataclysmique.

De cet angle, les engagements pris par une centaine de pays lors de la COP 26 de Glasgow de mettre un terme à

---

1. V. FAO, *La situation des forêts du monde 2020*, Rome, décembre 2020. URL : <https://www.fao.org/documents/card/fr/c/ca8642fr>.
2. France Info avec AFP, 1er juillet 2022.

la déforestation en 2030 sont fondamentaux[1]. Commence à poindre la mise en œuvre d'une action de protection, dont les semences ont été plantées lors de la Conférence Silva de Paris sur l'arbre et la forêt dès février 1986, puis celle de Rio en 1992, il y a trente ans, trente années durant lesquelles, donc, nous sommes passés de 32,5 % de couvert forestier mondial à 30,8 % ; trente années de paroles fortes doublées d'un attentisme international favorable à la prédation des forêts, à la destruction de la biodiversité et à l'étouffement de l'atmosphère. C'est que ce que nous pouvons faire à l'échelle nationale est plus difficile dans le concert mondial. Ici, chacun tire la couverture à soi, entend protéger ses intérêts particuliers, marchander son pouvoir. Le Brésil, sous ce prisme, est bien l'exemple parfait d'un système mondial qui a perdu ses repères. Au nom du surgissement de sa puissance agricole, un mouvement sans précédent de déforestation s'est opéré. L'exportation du soja, protéine végétale indispensable aux élevages de l'Occident, s'est accrue au détriment de la forêt. Tout un écosystème d'échanges commerciaux agricoles met en danger la forêt et le monde. Ce qui est valable au Brésil l'est ailleurs, pour l'huile de palme, par exemple, véritable moteur de déforestation dans certains pays qui la voient comme un pétrole vert… pas si vert. Or, au-delà du dérèglement climatique, ces modes de spoliation de la nature conduisent aussi à la sixième extinction de masse – la dernière a eu lieu il y a 66 millions d'années –, à un appauvrissement de la biodiversité non plus causé par les cycles naturels longs ou les accidents cosmiques, mais bien par notre action à nous, humains, qui nous sommes, selon les mots de Bruno David, auto-positionnés au sommet

1. On notera qu'en totale contradiction avec sa politique, le président Bolsonaro s'était engagé… Ce qui augure mal de la sincérité de l'objectif pour tous.

du vivant, démiurges d'une nature que nous avons instrumentalisée comme si nous pouvions nous en détacher[1]. Il aurait fallu comprendre que nous ne sommes pas au sommet, mais au bout de la chaîne du vivant et que nous dépendons entièrement des autres maillons. Et n'allons pas croire, ici, que nous avons progressé dans le soin apporté à notre biosphère. Depuis cinquante ans, les populations d'animaux sauvages vertébrés ont chuté de 69 %[2], les scientifiques alertent désormais sur la grave menace que représente l'effondrement de la population d'insectes pour nos sociétés… Depuis cinquante ans, le jour du dépassement se situe chaque année de plus en plus tôt[3].

L'urgence est bien là. L'humanité franchit avec insouciance, une à une, les limites planétaires[4]. Il en existe neuf, définies dans un article paru à la revue *Nature* en 2009. Neuf seuils biophysiques qui assurent la durabilité du monde dans un processus d'interactions continues ; neuf seuils qu'il ne faut pas franchir si nous voulons prévenir des évolutions brutales des conditions de vie sur la planète. Ces limites du vivable portent sur le changement climatique, la couche d'ozone dans la stratosphère, l'acidité des océans, les transformations de

1. Voir Bruno David, *À l'aube de la 6e extinction. Comment habiter la terre*, Paris, Grasset, 2021.

2. WWF, *Rapport Planète vivante 2022*. URL : <https://www.wwf.fr/sites/default/files/doc-2022-10/LPR%202022%20VFINAL_Page_pageBD.pdf>.

3. Le jour du dépassement est le jour de l'année à partir duquel l'humanité est réputée avoir consommé l'ensemble des ressources que la planète est en capacité de produire annuellement. Au-delà, nous creusons la dette à l'égard des générations futures et fragilisons leur devenir. En 1986, ce jour était le 31 décembre. La date n'a cessé d'avancer dans l'année pour s'imposer le 28 juillet en 2022.

4. Voir Aurélien Boutaud et Natacha Gondran, *Les Limites planétaires*, Paris, La Découverte, coll. « Repères Écologie », 2020.

l'occupation du sol, la perte de biodiversité, la consommation d'eau douce, les cycles de l'azote et du phosphore, la pollution aux aérosols atmosphériques, la pollution chimique. Six limites seraient d'ores et déjà dépassées, dont la dernière, en 2022, concerne la consommation d'eau douce pour laquelle la forêt joue un rôle majeur. L'énumération de ce bornage des conditions possibles d'une vie soutenable suffit à montrer l'enjeu forestier que ces limites recouvrent. Soit que la forêt constitue un instrument de lutte contre le franchissement ou de réparation des effets de ce franchissement ; soit qu'elle en subisse les conséquences désastreuses, ce qui apparaît plus sûrement se produire à l'heure de la fragilisation du milieu forestier par les sécheresses et canicules successives sur des courtes périodes.

Cette fragilisation touche la planète entière. La forêt française affronte les défis climatique et biologique comme les autres, malgré un soin particulier. Nous voulons mettre en avant ces défis pour faire prendre conscience à la fois de l'urgence à agir, mais aussi de l'indispensable dialogue que l'État doit entamer avec la société pour inventer la politique forestière de demain, tant il est vrai que la question du nouvel usage de la nature est d'essence démocratique.

Cette question des enjeux d'une gestion forestière renouvelée s'exprime à l'échelon français, mais aussi européen. Les récents textes communautaires de définition d'une future politique de la forêt votés en septembre 2022 marquent de ce point de vue une accélération de la prise de conscience forestière. La situation actuelle, en effet, oblige d'envisager les défis que la forêt devra affronter. Nous les connaissons : puits de carbone, sécheresses, exploitation, terrains de montagne, adaptation au dérèglement climatique, bois énergie… lutte contre le réchauffement climatique, préservation de la « santé unique », régulation du régime des eaux, maintien des sols en montagne ou ailleurs, préservation de la biodiversité, loisir etc. Les mots du défi forestier sont au carrefour des enjeux de l'humanité du XXIe siècle. C'est pourquoi ils sont aussi au cœur des enjeux des politiques publiques qui peinent à ce jour à être clairement définies malgré l'urgence.

Si la sixième extinction de masse a commencé, touchant non seulement les milieux sauvages, mais aussi la biodiversité agricole réduite au nom de l'efficacité d'un mode de production industriel qui privilégie l'homogénéité des races et espèces produites, la destruction des forêts en est un levier considérable. La FAO s'en inquiète du fait du risque sanitaire qu'une telle orientation recèle. La situation des arbres à elle seule pose l'ampleur du sujet. Dans la revue *Proceedings of National Academy of Sciences* (PNAS), un article du 8 février 2022 relatant les travaux réalisés par 150 chercheurs du monde entier indique l'existence en 2021 de près de 73 000 espèces différentes d'arbres et qu'il resterait autour de 9 200 espèces à découvrir. « Grâce à cette grande quantité de données, nous avons une bonne image de la diversité des espèces d'arbres pour différents biomes [un milieu écologique étendu et homogène] et au niveau continental », explique Jingjing Liang, l'un des deux auteurs principaux, professeur d'écologie forestière quantitative à l'université de Purdue, aux États-Unis. Dans le même temps, 20 334 espèces d'arbres étaient incluses dans la liste rouge des espèces menacées de l'Union internationale pour la conservation de la nature (UICN), dont 8 056 classées en danger critique d'extinction, en danger ou vulnérables. Évidemment, une telle constatation pose jusqu'à la question de notre santé humaine. Nous savons en effet désormais combien nous sommes dépendants de la bonne marche des milieux naturels pour notre survie. Nous ne préserverons pas notre monde sans prendre soin des forêts. Dans ce contexte, ce livre n'a qu'une seule ambition : présenter les apports de la forêt dans un monde fragilisé par le changement climatique et l'effondrement biologique.

1
État des lieux et perception

Un espace évolutif

Pénétrer en forêt relève toujours, sans doute, de l'aventure fantasmatique. Les ombres mouvantes, les bruits furtifs, le vent frémissant et les multiples sensations olfactives nous indiquent que nous ne sommes plus tout à fait en territoire conquis. Ici naissent les histoires de disparitions, les découvertes de corps, les rencontres malheureuses… Les forêts de Poudlard et de la série *Stranger things* montrent encore un lieu inquiétant. Pas une semaine sans que quelque part un événement vienne nous rappeler la face noire de la forêt. Les murmures et cris forestiers sont une langue étrangère à la plupart d'entre nous. Dans les tréfonds de la pénombre des canopées, notre technologie si efficace ailleurs peut s'avérer inutile ; les réseaux de nos téléphones mobiles inexistants nous ramènent à des époques que nous pensions révolues. Nous voilà isolés. Comme en mer, ici l'humain est fragile. La forêt inquiète. Et le journaliste américano-britannique Bill Bryson n'est pas le moins habile à en décrire les désagréments avec humour dans le récit qu'il consacre à l'une de ses aventures improbables le long du sentier des Appalaches : « Immense et morne nulle part » qui plus est vivante, la forêt n'a rien de sympathique. Et de moquer Henry Thoreau, qui ne trouvait finalement la nature merveilleuse qu'à courte portée de la ville, lorsqu'elle était domestiquée. Pas cette nature qu'il découvrait en 1846 au mont Katahdin, soudain « sinistre et barbare… morne et brutale[1] ». Il est peu dire que notre journaliste a souffert, que la compagnie des arbres, des roches et d'une faune forcément terrifiante ne lui soit pas foncièrement agréable.

Et pourtant, rares sont les territoires autant modifiés par l'homme. Notre action continue lui a donné la forme que nous lui connaissons aujourd'hui sous nos latitudes.

Arrêtons-nous d'abord sur la terminologie linguistique : le terme « forêt » qui qualifie ce regroupement d'arbres au cœur de ce livre aurait pu ne pas désigner cet espace singulier. La définition internationale en est un peu plus technique que celle donnée par les dictionnaires, à l'exemple du dictionnaire d'Antoine Furetière au XVIIe siècle, qui la définit comme « grande étendue de terre couverte de bois, de haute fûtaye ». La FAO est moins poétique, plus scientifique lorsqu'elle parle de « terres occupant une superficie de plus de 0,5 hectare avec des arbres atteignant une hauteur supérieure à 5 mètres et un couvert arboré de plus de 10 pour cent, ou avec des arbres capables d'atteindre ces seuils *in situ* ». La grande étendue réduite à 5 000 m^2… Ce n'est pas grand-chose, au fond, qu'un rectangle de 100 m sur 50. Mais cela laisse déjà place à la constitution d'un petit écosystème.

Furetière enseigne les évolutions, la découverte de l'origine du mot, discutée, comme souvent. Parce que l'on parle de forêt comme l'on parle de sylve et que le choix des mots compte pour dénommer et partager la même compréhension de ce qui est visé. *Forest* a d'abord été retenu dans les écrits

1. Voir Bill Bryson, *Promenons-nous dans les bois*, Paris, Payot, 2012, p. 69 s.

des commentateurs. Mais l'histoire fait émerger un autre usage, un autre terme latin : *silvae*. Lui, nous renvoie encore aujourd'hui au mot qui désigne les actes de gestion de la forêt : la sylviculture.

Forest ou *silvae* ? Le Moyen Âge fait ce choix qui ne va pas de soi. Au commencement, deux mots, deux concepts visaient donc cet espace planté d'arbres que nous nommons la forêt : *Forestis* et *Silvae*. Deux mots qui plongent leurs racines dans la construction d'un espace géographique soumis au pouvoir, dont les forêts représentaient une part importante. Gustave Huffel expose ainsi que, sous la Gaule antique, les forêts mises en coupes, régulièrement exploitées, étaient appelées *sylvae caedua* ou *sylvae minuta*. La *sylvae* était donc bien présente, installée dans la langue littéraire comme plus populaire[1]. Son remplacement est l'objet d'une lente mutation. Un auteur du XVIIe siècle, Saint-Yon[2], nous apprenait ainsi que *forest* venait du bas allemand qui convenait aussi bien aux eaux qu'aux forêts. Le mot « forestier », lui, impliquait une fonction de garde de cet espace qui, avec les carolingiens, apparaît comme une réserve de chasse, un lieu où le gibier n'est pas parqué, mais va librement. *Silvae* et *forestis* cohabitent dans les textes carolingiens pour diviser l'espace de loisir et l'espace économique. L'exemple du capitulaire De Villis, au tournant du VIIIe siècle où *silvae* concerne l'espace d'engraissement des porcs et soumis à la dîme et *forestis* est renvoyé à l'espace du gibier. Deux mots pour des réalités différentes donc, mais qui vont finir par n'en

1. Voir Gustave Huffel, *Les méthodes de l'aménagement forestier en France*, Paris, Berger-Levrault, 1926, p. 6.
2. Saint-Yon, *Les édicts et ordonnances des roys. Coustumes des provinces. Réglemens. Arrests et iugemens notables des eaux et forets*, Paris, Chez la veuve Abel Langelier, 1610, p. 82.

faire plus qu'une au cours des siècles qui suivent. La *forestis* l'emporte comme usage commun, même si nous connaissons aujourd'hui les échos de la *silvae* lorsque nous parlons donc, avec la sylviculture, d'espace boisé cultivé[1].

Ces deux termes inauguraux renvoient aussi à l'imagerie et aux allégories populaires qui identifient la forêt comme un milieu sombre, dangereux peuplé d'animaux sauvages, repère et refuge des hors-la-loi, espace inquiétant de jour, dangereux la nuit tombée. Ici, hors la ville, l'on perd le petit poucet, comme si, au-delà de l'orée des bois, l'humanité devait s'effacer. Espace hors de l'emprise du pouvoir, des possibles méfaits hors la vue… Nous en sommes sans doute aujourd'hui encore là lorsqu'il s'agit, pour certains, de se débarrasser de déchets en tous genres ou de mener quelque activité loin des regards d'une urbanité mieux surveillée. Dans cette optique, la fonction de surveillance du territoire forestier des agents de l'ONF, en charge ici d'une mission régalienne complémentaire des services de gendarmerie et police, mérite d'être rappelée, alors que les effectifs ont fondu de plus de 30 % depuis le début des années 2000.

Évidemment, un tel espace ne pouvait demeurer exclu des champs de la régulation du pouvoir. Le saisir permettait en outre de s'assurer d'un espace essentiel à bien des égards. Si la forêt royale a été vue comme une réserve de gibier pour la chasse des puissants, les arbres, eux, sont une ressource fondamentale

1. Ailleurs en Europe, le débat relatif à l'emploi des mots est aussi sujet à débat. Les historiens de la forêt connaissent par ailleurs l'ouvrage de L'anglais John Evelyn daté de 1669, qui emploi le mot latin *Sylva*: *Sylva, or a discourse of forest-trees and the propagation of timber in his majesties dominions*. L'auteur y décrit une méthode de véritable gestion durable de la ressource pour préserver les intérêts royaux, notamment ceux de la marine. Pour une présentation synthétique de cette œuvre, voir Carolyn Merchant, *La mort de la nature. Les femmes, l'écologie et la révolution scientifique*, Marseille, Wild Project, 2021, p. 343 s.

à l'époque : énergie et construction reposent sur ce matériau bois sans lequel les progrès de l'humanité seraient compromis.

Il fallait donc orchestrer l'Administration. Elle est le fruit d'une lente maturation du pouvoir lui-même et de sa capacité à encadrer l'espace géographique sur lequel il règne comme nous l'avons indiqué en Introduction.

La problématique forestière ne fera que croître, mais les premières véritables fondations d'une Administration dédiée centralisée de l'État sont édifiées dès le xive siècle. À l'époque de Louis IX (Saint Louis, xiiie siècle), les forêts du domaine royal produisaient un revenu annuel de 60 000 livres ; soit près d'un quart de la recette totale des revenus du roi. On comprend l'importance du sujet pour ses successeurs, au-delà des questions de matériau et d'énergie.

Autre préalable à la compréhension de cet espace forestier : la conscience de la grande évolution de la surface forestière en France au cours des siècles, jamais restée figée. Défricher pour installer l'agriculture, échanger des territoires, construire une marine forte, équiper les armées. Planter pour reconquérir l'espace détruit, retrouver une souveraineté nationale que la raréfaction du matériau bois fragilisait, etc. Loin de cet espace immuable qui s'impose à nos regards par le temps court de nos existences, la forêt varie, modifie les paysages par son évolution. L'espace forestier accompagne les besoins de la population et de la stratégie politique. Les auteurs de la doctrine forestière, hommes de l'art, juristes, ingénieurs ou naturalistes, énoncent d'ailleurs les dégradations perpétuelles de la forêt. Sans même citer les grands Réaumur, Buffon, Duhamel du Monceau au xviiie siècle, Vauban s'inquiétait de cette gestion forestière inadaptée qui mettait en péril la ressource. À ce moment de l'histoire, la forêt continue de reculer, malgré les efforts d'encadrement par Louis XIV et l'ordonnance de Colbert de 1669, œuvre juridique monumentale de l'histoire forestière française.

En réalité, à rebours du mythe d'une ancienne France couverte d'une canopée de chênes à l'image de la forêt des Carnutes chère aux lecteurs d'Astérix, le développement des énergies fossiles et les décisions de reboisement du milieu XIXe siècle sont les véritables causes de l'accroissement de la surface forestière nationale après des siècles de fragilisation.

Aujourd'hui, ces forêts couvrent 17,1 millions d'hectares. 31 % de la surface hexagonale[1]. Il y a un siècle, elles n'occupaient que 19 % de notre territoire. À cela se rajoutent les forêts des outre-mers, 8,24 millions d'hectares, dont les 8 millions de la seule Guyane, forêt tropicale amazonienne qui fait de la France un État européen d'Amazonie. La diversité géographique du pays favorise une diversité biologique forestière considérable. En France hexagonale, cette surface compte près de 190 espèces d'arbres différentes réparties en 7 essences principales, que nous connaissons tous : chêne, hêtre, châtaignier, pin maritime, pin sylvestre, épicéa et sapin. C'est autour de ces familles que se structure le principal de la forêt française, dont la majorité, 67 %, est composée d'essences feuillues dans les plaines et en moyenne altitude. À partir de ces données, l'Inventaire forestier national (IFN) affiche un volume de bois sur pied de 2,8 milliards de m^3 avec un ralentissement de la croissance ces dernières années, tandis que le volume moyen à l'hectare reste stable avec 174 m^3.

De prime abord, l'analyse par le stock montre une situation satisfaisante, puisque celui-ci croît de 1 milliard de m^3 depuis

1. Cela doit être rapporté à l'échelle forestière européenne. Concernant l'Union européenne, en appliquant la définition des services de la statistique européenne (Eurostat) pour la forêt, près de 182 millions d'hectares de l'Union sont recouverts par la forêt, soit environ 43,5 % du territoire. La France est la 4e nation européenne par sa surface forestière après la Suède, la Finlande et l'Espagne et devant l'Allemagne.

1985. Pas de panique donc, la France n'est pas encore à l'heure de la déforestation.

La réalité de l'état sanitaire forestier impose néanmoins de modérer l'enthousiasme. Si les données 2021 et 2022 continuent de montrer une forêt dynamique, les évolutions du climat, notamment les phénomènes accrus de sécheresses estivales, ont un impact fort sur la réduction de la croissance des arbres. L'Institut national géographique (IGN), qui héberge l'IFN expose ainsi que « pour 2022, cet état des lieux de la forêt française révèle notamment un accroissement de 54 % de la mortalité sur la dernière décennie, malgré une superficie de forêts qui continue de progresser et une diversité des peuplements qui s'accroît ». En clair, nous franchissons un point de bascule.

Le Réseau français pour l'adaptation des forêts au changement climatique (RMT Aforce) met en évidence que pour certaines essences le manque d'eau occasionne une croissance plus lente depuis le début de notre siècle. Là encore, la diversité des situations doit être prise en compte. Ce n'est en effet pas le cas pour d'autres essences dans des pays européens plus septentrionaux.

En France, les données 2021 de l'IFN précisent qu'« après plusieurs décennies d'expansion, le ralentissement de la progression du volume sur pied se confirme et ce dernier s'établit à 2,8 milliards de m^3, tandis que le volume moyen à l'hectare reste stable avec 174 m^3/ha ».

Les statistiques nous indiquent un moment de retournement productif des arbres qui faiblissent sous les coups des chaleurs répétées. Cela nous impose de revoir notre mode d'approche des techniques de gestion forestière. La forêt n'échappe pas aux questionnements issus du monde alentour. Le réchauffement climatique nous oblige à revoir l'entièreté de nos modes de pensée ainsi que le reconnaît la mission d'information de l'Assemblée nationale sur l'adaptation au changement climatique de la politique forestière en mai 2023 qui érige la forêt en « arme la plus efficace et la moins coûteuse pour affronter le dérèglement climatique[1] ».

L'apparent dynamisme cache une réalité plus complexe à laquelle il faut être particulièrement attentif tandis que s'accentuent les effets du réchauffement climatique. En ce domaine l'évolution de ce que l'on appelle les flux – c'est-à-dire la différence entre ce qui pousse et ce qui est récolté – mérite un regard pour comprendre ce qui se passe et adapter notre gestion des espaces forestiers. La croissance des arbres sur la période 2011-2019 s'est ralentie de 3 % par rapport à la période 2005-2013. La succession de sécheresses et le développement de bioagresseurs sont en cause. Pour les mêmes raisons, sur la même période la mortalité a fortement augmenté : « Ce flux annuel de la mortalité, qui équivaut à 0,4 % du volume de bois vivant, a augmenté de plus de 50 % entre les périodes 2005-2013 et 2012-2020 », expose l'IFN en octobre 2022. Les prélèvements ont fini par progresser de 18 %, comprenant les récoltes dans les peuplements dépérissants. « Ceci conduit à un bilan des flux toujours positif, mais dont le solde se réduit », conclut l'IFN. Autrement dit, la croissance contemporaine du couvert forestier, liée à une politique très dynamique de replantation au sortir de la Seconde Guerre mondiale et à des phénomènes comme la déprise agricole – ici, la forêt reprend sa place dans les espaces abandonnés par l'agriculture occasionnant la résurgence des forêts par régénération naturelle –, ne peut servir d'indicateur fiable d'une bonne santé forestière globale et durable.

1. Catherine Couturier et Sophie Panonacle, *Mission d'information sur l'adaptation au changement climatique de la politique forestière et la restauration des milieux forestiers*, Rapport d'information n° 1178, Assemblée nationale, 2 mai 2023, p. 9.

Pour passer de 6,9 millions à 17,1 millions d'hectares de 1840 à 2021, politique et droit ont joué leur rôle. La séparation de l'agriculture et de la forêt opérée par le code forestier de 1827 a été un moteur réel avec en outre les grands travaux de reforestation des montagnes ou la création de la forêt des landes de Gascogne de plus d'un million d'hectares et surtout le recul du bois énergie remplacé par la houille dans un premier temps avant que le pétrole s'installe. Plus tard, la politique volontariste d'après-guerre, avec la création du Fonds forestier national (FFN) en 1946, dont l'objectif était de reconstituer la forêt – il a contribué au boisement de 2 millions d'hectares entre 1947 et 1999 –, accompagne la migration des agriculteurs vers les villes, accentuant la déprise agricole et la reconquête de nombreux territoires par la forêt sans que nous n'y plantions un arbre. Là où l'agriculture disparaît, et à défaut d'artificialisation du sol, la forêt gagne.

En montagne, des événements naturels majeurs, notamment dans les Alpes, ont conduit dans la seconde partie du XIXe siècle à la reconstitution par plantation de plus de 340 000 hectares de forêt pour réduire les risques naturels après des années de débat, d'engagement des ingénieurs des ponts comme Alexandre Surell, dont les conclusions se heurtaient aux coûts budgétaires considérables des travaux à opérer. Les cordons dunaires ont fait l'objet d'une même attention, plus ancienne puisqu'elle remonte à la fin du XVIIIe siècle, notamment avec les travaux de l'ingénieur Nicolas Brémontier en Gironde. Là, il fallait protéger les habitants non d'un affaissement de terrain, mais de l'envahissement par les sables de leurs citées. La dune du Pilat est un bon exemple de cette marée de sable à endiguer. Sans ses forêts adjacentes, son avancée serait irrépressible.

Le XIXe siècle est le moment d'une prise de conscience environnementale qui ne dit pas encore son nom. Mais nous y trouvons les racines solides du discours sur la multifonctionnalité des forêts et son importance introduite dans notre droit positif par la loi d'orientation sur la forêt du 9 juillet 2001. Nous reconnaissons désormais aux forêts une fonction économique, une fonction sociale et une fonction environnementale au point qu'il est possible de penser le sujet forestier comme un vecteur de réinvention du collectif à travers la demande de droits sociaux et environnementaux qu'elle permet de porter[1]. Ce prisme multifonctionnel, inscrit dans l'Agenda 21 (ou Action 21 de Rio 1992), continue de justifier l'impératif de retenir les pentes comme un objectif stratégique du travail des forestiers en montagne – l'épisode tragique des effondrements de la vallée de la Roya en 2020 est à ce titre un exemple qui rappelle les grands désastres du XIXe siècle – ; de même retenir les dunes demeure impératif pour l'intérêt général, comme la lutte contre le feu qui s'intensifie à mesure que le climat se réchauffe. Climat pour la régulation duquel les forestiers connaissent depuis longtemps le rôle des forêts dont a été découvert, à l'heure des enjeux de la survie de l'humanité face au réchauffement climatique, l'importance du puits de carbone qu'elles représentent. Autre exemple : 1 hectare de forêt filtre 50 tonnes de poussières par an.

De ce point de vue multifonctionnel, l'annonce faite par le président de la République le 28 octobre 2022 d'un objectif de plantation d'un milliard d'arbres en dix ans doit être saluée. Bien sûr, le débat devra régler les questions relatives aux essences, aux territoires replantés. Il interrogera la pratique de la régénération naturelle, les objectifs de la replantation, etc. Mais la prise de conscience apparaît fondamentale au regard des promesses faites notamment lors de la campagne électorale, où le curseur, faible, avait été placé à 2 arbres par Français

1. Nous empruntons et adaptons cette idée de « réinvention du collectif » à Diane Roman, *La cause des droits. Écologie, progrès social et droits humains*, Paris, Dalloz, 2021, p. 34.

d'ici à 2030. En annonçant ce milliard d'arbres, le président de la République semble renouer avec la politique du FFN évoquée plus haut. La plantation répond aussi aux nouvelles contraintes climatiques dans lesquelles la pratique de la régénération naturelle ne peut plus répondre aux nécessités de l'adaptation des forêts au climat. Reste à définir les modalités d'application, donc de gestion sylvicole, ce qui est au fond le plus important, les chiffres ne signifiant rien en eux-mêmes si l'on ne convient pas d'orientations forestières susceptibles de réparer ce qui doit l'être notamment par l'importation d'essences plus résistantes au manque d'eau dans les forêts désormais touchées par des sécheresses récurrentes qu'elles ne connaissaient pas. La migration, ici, doit se faire à la vitesse inédite du changement climatique.

La réponse sera apportée très largement par l'approche multifonctionnelle des services rendus par la forêt – nous entendons ici les services rendus à l'écosystème et pas seulement à l'homme –, trop souvent méconnus, qui nous offre une clef d'entrée pour appréhender ces espaces boisés d'une diversité considérable. Il s'agit ici de ce que l'on nomme les « services écosystémiques », qui contiennent la captation du carbone, la régulation du régime des eaux, le maintien de la biodiversité, la retenue des pentes, le renouvellement des sols, etc. Autrement dit, les services qui font de la forêt un bien d'intérêt général.

Ainsi, parler ressource n'est pas cantonner la discussion aux surfaces et matériau bois, mais avancer dans un territoire de biodiversité considérable, où la symbiose du vivant ordonne la capacité de ce que l'on désigne désormais du terme d'« écosystème à vivre ». Les sons, les senteurs, les lumières, l'humidité que vous ressentez en pénétrant la forêt sont autant de marqueurs de l'existence d'un monde vivant très majoritairement invisible à notre regard. De ce point de vue, une approche plus englobante à partir du concept d'une seule santé (*one health*) s'avère utile pour rompre avec la séparation de l'homme et de la nature et ainsi repenser la forêt[1]. Les essences d'arbres peuplant le territoire hexagonal sont accompagnées de plus de 120 espèces d'oiseaux, 73 espèces de mammifères auxquelles s'ajoutent les insectes, les parasites, etc. L'espace forestier hébergeant plus des deux tiers de la flore de l'Hexagone est un écosystème qu'il n'est plus possible d'instrumentaliser à notre seul usage – qu'elle soit économique, sociale ou même paysagère –, mais que nous devons aborder à travers son équilibre global. Détruisons un bout de cette chaîne symbiotique, nous mettons alors tout l'édifice forestier en danger et nous-même par effet de conséquence.

À cette aune, pour ceux qui observent les forêts, le phénomène de dépérissement doit être mis en avant. En effet, si le réchauffement climatique ralentit la croissance des arbres, il est aussi au cœur des problématiques de développement des bio-agresseurs qui fragilisent les peuplements. Le grand public a ainsi pu entendre parler de la crise des scolytes depuis 2019. Apparue dans la région Grand Est, celle-ci s'est généralisée aux peuplements d'épicéas du nord de la France. Les femelles pondent leurs œufs sous l'écorce, creusant des galeries qui condamnent les arbres. Ces insectes sont bien connus, notamment le typographe ; nous en savions de longue date les effets. Mais le changement climatique permet à l'espèce de multiplier les pontes, multipliant les dégâts que seules des coupes rases et l'exploitation des arbres alentour permet d'endiguer. Cependant, le scolyte n'est qu'un des risques sanitaires qui

1. Sur cette séparation, parmi une littérature très importante, voir Robert Lenoble, *Histoire de l'idée de nature*, Paris, Albin Michel, 1969. Pour une discussion plus récente, voir Dominique Bourg et Sophie Swaton, *Primauté du vivant. Essai sur le pensable*, Paris, Presses universitaires de France, 2021.

s'accroissent avec l'ensemble des pullulations des insectes dit thermosensibles. Les dépérissements sont multiples. Il est impératif à ce sujet de lire les rapports réguliers du Département de santé des forêts (DSF) du ministère de l'Agriculture. En octobre 2022, ce service a, par exemple, publié une étude sur les sapinières d'Auvergne-Rhône-Alpes. Les résultats doivent alerter puisqu'elle montre que, au-delà des disparités géographiques relatives à ce dépérissement, « 5 % des surfaces sont concernées par un dépérissement marqué, 18 % sont dans un état sanitaire dégradé[1] ».

D'autres attaques sanitaires sont analysées dans le même temps. Ainsi l'épidémie de rouille sur les jeunes plantations de pins maritimes du sud des Landes depuis 2019, le *phytophtora ramonum*, pathogène exotique qui détruit les mélèzes du Japon, en Bretagne depuis 2017, contre lequel des coupes rases sont nécessaires pour en limiter, sinon arrêter, la propagation... C'est à une lecture inquiétante de l'évolution de la santé de la planète que nous invite ce voyage dans les bio-agresseurs forestiers.

Lecture inquiétante, car annonciatrice de la déstabilisation des peuplements que nous connaissons, et donc de notre écosystème à la fois biologique, économique et social des forêts. Allons plus loin dans l'approche économique de la forêt. Cette production d'un matériau garanti biosourcé, stockant du carbone sur le temps long et renouvelable, génère plus 400 000 emplois en France. Mais en comparaison avec nos voisins, notamment Allemands, des marges de progrès existent en matière d'emploi. Non pas pour abaisser encore des effectifs trop attaqués, mais pour en augmenter le nombre. Pour un

1. « Réalisation d'un inventaire sanitaire de la sapinière d'Auvergne-Rhône-Alpes », Département de santé des forêts, septembre 2022. URL : <file:///C:/Users/administrateur/Downloads/Article %20Road %20 sampling %20sapin %20en %20AURA %20v3 %2008-09-22.pdf>.

peu plus de 11 millions d'hectares, la forêt allemande fournit du travail à 1 million de personnes. Meilleure productivité des forestiers Français, diront les uns. Ils n'ont peut-être pas tort. Il est surtout possible de douter de la réelle surveillance et gestion d'une forêt française très morcelée et peu productive, puisque nous ne récoltons que 60 % de son croît annuel.

La marge de progrès est évidente partout. Par exemple, pour la transformation d'un feuillu emblématique de la forêt française : le chêne, qui représente 28 % du volume de bois sur pied total pour ses quatre essences principales : chêne rouvre, chêne pédonculé, chêne pubescent et chêne vert. La France hexagonale met sur le marché 25 % du volume de chêne vendu dans le monde, ce qui la place au deuxième rang mondial pour cette ressource. Si nous insistons sur le chêne, c'est qu'il s'agit d'une essence considérée comme particulièrement « noble » et qu'il n'est dès lors pas acceptable économiquement et socialement que la valeur ajoutée liée à sa transformation échappe à nos emplois et donc à notre richesse nationale par sa relocalisation. Enfin les sous-produits issus de la transformation des grumes de chênes contribueraient, notamment, à l'alimentation de filière bois-énergie *via* les granulés de bois. D'autres espèces méritent aussi l'attention, comme le hêtre, abandonné, ou encore le châtaigner fragilisé sur une portion conséquente du territoire… L'avenir d'une économie circularisée passe aussi par notre capacité à faire avec nos ressources propres au lieu d'aller piller des forêts que nous mettons en dangers par nos comportements prédateurs, ce que l'Union européenne a compris en promouvant désormais une politique de lutte contre la déforestation importée à la suite du mouvement français à cet égard[1].

1. Notons ici le mouvement de rupture avec une forme de pensée coloniale qui consistait à exporter nos prédations sur d'autres continents dont la fragilisation est extrêmement problématique en matière forestière.

L'arbre au cœur de la forêt/Les débats actuels autour de la gestion forestière : coupes rases ou non ?

Si les forêts françaises et européennes apparaissent fragilisées, mais en croissance, l'attention du grand public est néanmoins attirée par des débats sociétaux qui se sont emparés de la question forestière à travers des mouvements écologistes soucieux de porter un regard renouvelé sur le vivant, critiques des usages d'une nature que nous épuisons depuis plus de deux siècles. C'est autour de l'arbre et de sa perception que les débats peuvent s'enflammer. Nous l'avons vu à Paris au printemps 2022 alors qu'il était question d'en couper quelques-uns pour revisiter la géographie urbaine de la tour Eiffel. La pression populaire a fait reculer un plan d'urbanisme qui prévoyait la suppression d'arbres sis sur le champ de Mars. Nous le constatons chaque jour en forêt lorsqu'il est question de faire place à des coupes, dont il faut rappeler qu'elles sont en principe réglées et répondent à des normes légales et réglementaires que les forestiers observent en général scrupuleusement.

Les arbres conditionnent notre regard sur la forêt. Culturellement d'abord, avec l'attachement particulier que nous retrouvons depuis les arbres sacrés des Romains et des Gaulois et dont la résonance a perduré à travers les siècles et l'abandon du paganisme[1]. Nous leur avons trouvés d'autres vertus, d'autres significations, au point que nous pouvons affirmer vivre en communauté avec lui : « L'arbre est dans notre esprit et il nous regarde ; il n'y a pas d'indifférence entre nous[2]. » La désignation des « arbres remarquables » fait ainsi

1. Voir Robert Harrison, *Forêts. Essai sur l'imaginaire occidental*, Paris, Flammarion, 2012 ; Andrée Corvol, *L'arbre en Occident*, Paris, Fayard, 2009.
2. Alexis Jenni, *Parmi les arbres. Essai de vie commune*, Arles, Actes Sud, 2021, p. 13.

entrer des spécimens au titre de leur individualité dans le patrimoine naturel et culturel. La labellisation implique que le propriétaire du terrain sur lequel l'arbre ainsi désigné prend racine doit lui assurer les soins propices à sa plus longue survie. Nous parlons bien ici d'un individu spécifique reconnu pour son caractère extraordinaire qui lui garantit la reconnaissance d'une obligation de soin à son égard. À travers ce geste, la communauté humaine s'engage à respecter l'individu végétal. Nous pourrions à ce stade de la relation humain/arbre poser la question de l'existence d'un embryon d'une reconnaissance du droit de l'arbre à vivre à travers une obligation morale que s'imposent les parties à la reconnaissance du caractère exceptionnel de l'arbre. Dans cet esprit, celui-ci a été reconnu de façon symbolique – sans implication juridique – à travers un colloque à l'Assemblée nationale le 5 avril 2019 dans lequel a été proclamé une « Déclaration des droits de l'arbre » qui en fait « un être vivant fixe qui, dans des proportions comparables, occupe deux milieux distincts, l'atmosphère et le sol ».

Sur le plan scientifique, les arbres permettent de mieux faire connaissance avec l'alchimie forestière à travers leur vie propre et les interactions qui les relient entre eux, dont la science commence à découvrir l'étendue. Leur vie propre d'abord. Alexis Jenni nous en donne un résumé remarquable : « L'arbre est une grande machine dont le réacteur se situe dans ses feuilles tendres, le reste est tubes, tuyaux, pompes et entrepôts, comme les raffineries[1]. » L'arbre machine pourrait faire écho à l'animal machine si cette description devait être prise au pied de la lettre d'une approche mécaniste dont on sait les dégâts dans l'abord des animaux depuis le XVIIe siècle. La réification du vivant permet en effet de lui imposer des objectifs

1. *Ibid.*, p. 45.

répondants aux besoins humains, obligation de production de soi-même par exemple, qui porte des politiques de transformation génétiques motivées par la rentabilité économique. Elle conduit même, à travers le « paradigme mécaniste[1] », à séparer la nature de nos sociétés humaines, dont le projet a été de s'en éloigner pour en faire les usages les plus divers, sans questionner ce que nous nous faisons à nous à travers elle. Ce chemin a d'ailleurs été emprunté pour conforter l'œuvre démiurgique de l'homme. Mais la machine décrite par Alexis Jenni est évoquée pour dire la complexité des processus d'évolution du vivant, la capacité de ces organismes à opérer l'extraordinaire alchimie de la photosynthèse. Or, à cet égard, disons-le, le champ des connaissances demeure encore lacunaire, alors que la science tend à nous montrer chaque jour un peu plus l'immensité des savoirs à acquérir.

Déjà, le botaniste Jean-Henri Fabre nous disait, à partir de l'observation des rameaux et des bourgeons, la consistance collective du végétal lorsqu'il écrivait : « Les preuves surabondent pour affirmer qu'un végétal n'est pas un être simple, mais bien un être collectif, une association d'individus, vivant en commun[2]. » Appliqué à la forêt, l'on comprend mieux que la question de la gestion forestière regroupe un océan d'incertitudes qui heurtent le besoin de certitudes exprimées par les populations comme par les pouvoirs publics. C'est ainsi que sont suscitées de nombreuses disputes dans la société, mais aussi entre les forestiers et cela depuis fort longtemps. Si certaines opérations de sylviculture prêtent à débat, il faut s'accorder pour dire que le travail réalisé par les générations de

1. Dominique Bourg et Sophie Swaton, *Primauté du vivant*, *op. cit.*, 2021, p. 17 s.
2. Jean-Henri Fabre, *Respiration des Plantes*, Paris, Payot, 2022, p. 23.

forestiers nous permet d'apprécier ces forêts présentes sur nos territoires comme des œuvres accompagnant le mouvement de notre civilisation.

Il n'existe en effet pas de forêt naturelle, au sens vierge de l'action régulatrice des hommes, dans notre pays[1]. À ce sujet, un débat existe autour de l'idée défendue notamment par le biologiste Francis Hallé pour qui les plantations d'arbres ne seraient pas des forêts[2]. Il y a ici de quoi débattre avec le biologiste très attaché à une définition forestière exclusive de l'humain. Le paysage que nous voyons, particulièrement le paysage forestier, est issu de pensées successives de notre organisation économique et sociale, de notre approche philosophique du milieu naturel, de nos connaissances scientifiques et techniques, de nos moyens de production, de leur concentration parfois, qui ont donc permis, comme nous l'avons dit, à la forêt de reprendre une place qui lui avait été prise, par l'agriculture principalement. L'homme est ici véritablement *Homo faber*. La devise du forestier depuis le XIXe siècle est connue : « imiter la nature, hâter son œuvre ». En réalité, l'humanité agit en continu sur la forêt par ses choix de développement.

---

1. « La majorité de la forêt française gérée ne constitue pas un « milieu naturel », mais conserve « un fort degré de naturalité », écrivent les auteurs d'une étude récente sur l'effet des méthodes mécaniques de récolte des arbres. Jacques Ranger, Arnaud Legout et al., « Interactions entre les effets du tassement par les engins d'exploitation et la fertilité chimique des sols forestiers », *Revue forestière* française, vol. 72, n° 3, 2020, p. 191.
2. Francis Hallé, « Ne prenons plus les plantations d'arbres pour des forêts », *Le Monde*, 15 août 2020. Cette idée a été défendue par Jean-Mary Couderc dès 1988 dans un article où l'auteur distinguait trois typologies de forêts sur notre territoire : des forêts de protection, des forêts d'accueil et des champs d'arbres. Jean-Mary Couderc, « Forêts ou plantations d'arbres ? », *Bulletin de l'Association géographique française*, 1988, p. 227.

Le plus impressionnant façonnage montré à notre regard contemporain est peut-être celui de la forêt de Tronçais qui fait la fierté des habitants de l'Allier, forêt emblématique de la futaie cathédrale, pure création des mains des forestiers sur laquelle nous reviendrons, et qui pose en termes complexes la notion de gestion soutenable à l'heure de l'éclosion de l'idée d'un basculement sylvicole vers la technique de la libre évolution.

De ce point de vue, le prisme historique est sans doute plus essentiel en matière forestière qu'ailleurs. La longue durée impose son rythme à nos sociétés de l'instantanéité. Tandis que pour d'autres activités le retour d'expérience est rapide pour identifier les réussites comme les échecs, pour les forestiers, la question est beaucoup plus complexe du fait de la longévité de peuplements forestiers qui varie entre 80 ans et 180 ans… Bien sûr, il ne faut parfois que quelques semaines pour voir la nature orienter l'avenir. Les reprises de végétation, à la suite de l'incendie de la Teste-de-Buch de l'été 2022 montrent la vivacité de l'écosystème, faisant sur l'instant douter du besoin d'une intervention lourde de replantation générale. Mais qu'en est-il d'autres expériences, notamment en matière d'acclimatation ? Il avait fallu peu d'années pour apercevoir l'échec des plantations de pins maritimes dans les landes de la Sologne, dans la seconde moitié du XIXe siècle. L'essence n'a pas supporté le froid hivernal de cette région. Le pin sylvestre fut alors implanté, avec plus de succès. À cette aune, pour le chêne, seules cinq générations ont vécu depuis la création des maîtres des eaux et forêts, encore que nous savons des chênes millénaires. Nombre de ceux récoltés aujourd'hui ont connu trois ou quatre républiques, trois régimes politiques, trois guerres, dont deux mondiales… Les forêts en portent même les stigmates, comme à Verdun, où le bois mitraillé est un vestige fréquent. Il est donc évident que les compétences et l'expérience des forestiers sont nécessaires et indispensables pour éclairer nos gouvernants qui ont la responsabilité et le devoir de construire une politique forestière à la hauteur des apports de nos forêts. Songeons à Colbert qui pensait œuvrer pour la marine dans un temps de progrès très lents, mais dont les hautes futaies servirent à d'autres fins. Les futaies navigantes de la fin du XVIIIe siècle étaient largement issues de forêts sur lesquelles l'impact de Colbert avait été faible.

Nous avons cité en introduction le comte de Martignac dans sa présentation du projet de code forestier en 1826. Il expliquait aussi à cette occasion que « ce n'est pas seulement par les richesses qu'offre l'exploitation des forêts sagement combinée qu'il faut juger de leur utilité. Leur existence même est un bien fait inappréciable pour les pays qui les possèdent, soit qu'elles protègent et alimentent les sources et les rivières, soit qu'elles soutiennent et raffermissent le sol des montagnes, soit qu'elles exercent sur l'atmosphère une heureuse et salutaire influence ».

Avant d'aborder le sujet polémique des coupes rases, il est important de rappeler une réalité : il n'est pas possible d'utiliser du matériau bois, en dehors du recyclage, sans couper des arbres.

Récolter. Mais comment ?

Nous disions plus haut le dynamisme de l'agrandissement des forêts en France depuis la moitié du XXe siècle. Parmi de nombreux facteurs, retenons la volonté politique de reboiser le pays après la Seconde Guerre mondiale. Un seul exemple résume les sévices dont les forêts avaient été victimes : le massif des landes de Gascogne était réduit de près de moitié. Ailleurs, les besoins démesurés en bois de la guerre et de l'occupation avaient aussi fait leur œuvre destructrice. Dès le printemps 1945, un rapport était remis au ministre de l'Agriculture pour définir les politiques à mettre en œuvre. L'ingénieur agronome et conseiller d'État Leloup, ancien membre du cabinet de Léon Blum, y dressait le cadre général d'une politique de replantation et de gouvernance pour que la France retrouve une surface forestière susceptible de pouvoir répondre aux besoins de sa souveraineté. L'enrésinement date de ce moment, avec la création dès 1946, du Fonds forestier national (FFN), qui fera large place aux résineux, plus rapidement matures pour récolter et donc reconstruire. Il y avait une autre vertu pour ces plantations, que notre époque contemporaine tend à faire oublier : fournir une matière première indispensable pour la pâte à papier qui, alors, était absolument nécessaire pour le plus grand vecteur de communication : la presse écrite.

Il est loisible désormais de douter de la pertinence de long terme de cette orientation globale, même si certaines forêts survivront au réchauffement, du fait des choix d'essences faits à cette période. Après tout, l'on a récolté le bois de la reconstruction bien avant la maturité des nouveaux peuplements issus du FFN. Mais le choix d'essences à rotations plus courtes, parfois moins gourmandes en eaux, plus aisées à industrialiser doit s'entendre comme un choix stratégique pour soutenir notre économie à un moment donné de notre histoire. Seul un âge canonique permet de savoir les transformations paysagères depuis ce moment, hors les archives photographiques. C'est notamment sur la base de cet héritage que les nombreux débats émergent.

Ceux-ci éclosent alors que notre approche et compréhension collective de la naturalité a désormais dévié de ses rails anciens[1], justifiant des débats sur les méthodes de sylviculture, les travaux forestiers et l'avenir des forêts.

---

1. Voir Philippe Deufic, Élodie Brahic et Eve Dusacre, « La naturalité à petit pas. Évolution des regards et des pratiques sur une notion émergente », *RFF*, n° 2-3, 2021, p. 253.

À cet égard, rappelons en préalable que la réalisation des travaux forestiers, y compris la récolte des bois, suit les conseils techniques contenus dans des documents de gestion encadrés par la loi et agréés par l'État :

– le Plan simple de gestion (PSG) pour les forêts privées de plus de 20 hectares[1] ;

– le document d'Aménagement pour toutes les forêts publiques quelle que soit leur surface.

Ces documents prévus et définis par la législation forestière font l'objet d'études préalables qui prennent en compte l'histoire de la forêt, y compris les aléas climatiques, la nature du sol, les éléments de biodiversité, le rôle de la forêt dans le territoire (risque naturel, accueil du public, etc.) le peuplement forestier et sa composition en essences. Une fois ces données connues, le forestier joue le rôle d'assembleur/intégrateur pour mettre en place les processus et les moyens techniques qui permettront à la forêt de répondre au mieux au principe de gestion durable multifonctionnelle que le code forestier impose sur les quinze à vingt années visées par l'aménagement décidé. Bien entendu en fonction d'accidents de parcours (feux, tempêtes, attaques parasitaires…), ce document de gestion peut être révisé, voire totalement réécrit.

Mais qu'est-ce qu'un aménagement ? En l'absence de définition juridique, il faut se reporter à l'art forestier. Au XVIIIe siècle, un auteur pouvait le définir comme consistant « dans le recepage des bois abroutis, et le repeuplement des

1. À la suite des incendies de ces dernières années, le législateur a décidé de baisser, avec la loi visant à renforcer la prévention et la lutte contre l'intensification et l'extension du risque incendie du 10 juillet 2023, le seuil de 25 à 20 hectares. Cette loi est issue d'une proposition émanant du Sénat et a été adoptée selon la procédure d'examen accélérée : une lecture dans chaque chambre avant une commission mixte paritaire. C'est le signe d'une urgence désormais reconnue par tous.

places vaines et vagues[1] ». Était ici synthétisé un état des lieux de la science forestière en construction. Cela va changer. Dans son immense *Traité* paru dans le premier quart du XIXe siècle, Baudrillard résume le terme d'aménagement à ce que « les anciennes ordonnances, appelaient le *règlement*, la *mise en ordre des forêts*[2] ». Ordonnancement général des actes de sylviculture, donc, dont le point d'orgue est évidemment la coupe des arbres, mais qui réside dans toutes les actions préalables des sylviculteurs qui suivent les prescriptions pour soumettre la forêt à cet objectif dans un souci de soutenabilité. De ce point de vue, l'acte a préexisté le mot d'abord réservé au bois et aux forêts que l'on fait remonter au XIVe siècle[3].

Les mots du désaccord résident dans le travail d'aménagement. Taillis, futaie, taillis sous futaie, libre évolution, sylviculture monospécifique, couvert continu, coupe d'éclaircie, coupe rase, etc. Pour tout nouvel arrivant non forestier dans le secteur, l'absence d'unanimité, avec les disputes ouvertes pour ce qui tient de l'application de techniques que l'on penserait éprouvées, surprennent par leur virulence. C'est ignorer que chacune des orientations répond à d'autres données, économiques, sociales sinon idéologiques.

---

1. Chailland, *Dictionnaire raisonné des eaux et forêts*, Paris, Ganeau/Knapen, 1769, t.1/2, p. 14.
2. Jacques-Joseph Baudrillard, *Traité général des eaux et forêts, chasse et pêche, Seconde partie, Dictionnaire général, Tome premier*, Paris, Huzard/Artus Bertrand/Waré, 1823, p. 169. Notons que la mise en ordre est le mot repris par Adolphe Parade pour l'aménagement (précité).
3. Voir Alain Rey et al., *Dictionnaire historique de la langue française*, Paris, Le Robert, 2016, au mot « ménage ». Peut-on voir autre chose qu'un aménagement dans l'Edict de Philippe Le Hardy de 1280 relatif aux livrées qui doivent être faites aux usagers, où le roi expose qu'il faut livrer en suffisance aux usages visés ? Ses successeurs insisteront sur la nécessité de préserver la ressource.

L'aménagement, en ce sens, est bien un acte politique d'organisation de l'usage humain de l'espace forestier. C'est au fond ce que retenait Léon Pardé, directeur de l'École des Barres dans son *Traité pratique d'aménagement des forêts* lorsqu'il adoptait la définition suivante : « L'aménagement est l'art de réglementer l'exploitation des forêts en vue des besoins de l'homme[1]. » La forêt servant l'œuvre prométhéenne, voilà à quoi repond l'aménagement. Mieux, l'ingénieur déniait à l'aménagement tout caractère scientifique. Pour lui, « l'aménagement n'est pas une science, car il ne repose pas sur des principes évidents ou sur des démonstrations absolues, conduisant à une solution unique, mais, un art, car les procédés à employer varient suivant les circonstances, et les problèmes à résoudre comportent plusieurs solutions ; le choix du meilleur procédé, de la meilleure solution, est une question d'habileté, d'art[2] ». Le code forestier avalise cette dimension avec l'impératif fait aux propriétaires de bois et forêts d'en réaliser « le boisement, l'aménagement et l'entretien conformément à une sage gestion économique » (art. L.112-2 c. for.), dont on peut se demander ce que la notion recèle au regard de l'État, de chaque propriétaire et de leurs motivations.

Pour se rendre compte de cette dimension anthropique, la lecture de travail historique de Gustave Huffel sur *Les méthodes de l'aménagement forestier en France* est éclairante. Elle permet de comprendre l'hétérogénéité des pratiques tout au long de notre histoire, l'éclosion de la science et de ses controverses comme

1. Léon Pardé, *Traité pratique d'aménagement des forêts*, Paris, Presses universitaires de France, 1930, p. 5.
2. *Ibid.*, p. 5-6.

pilier d'une nouvelle sylviculture à partir du XIXe siècle[1]. Déjà, par exemple, durant la période gallo-romaine, le territoire forestier était l'objet de divisions entre forêts mises en coupe, régulièrement exploitées, et forêts non mises en coupe plutôt destinées, dans les domaines, à l'engraissement des animaux. Cette première césure est évidemment un aménagement. Au Moyen Âge, les coutumes réglaient les âges de coupe, parfois extrêmement jeunes. Avec la montée de la puissance royale, et après que le roi a enjoint de tenir compte de l'état des forêts pour engager les coupes, comme avec l'ordonnance d'Asnière, en 1319, que nous avons citée plus haut, les règlements ont commencé dès le XVIe siècle à ordonnancer ces coupes de taillis, à l'âge minimal de dix ans, ce qui en dit long des pratiques antérieures…

Avant de parler de la décriée coupe rase, il est utile de revenir sur les différents modèles de gestion et coupe puis de définir ce qu'elle est réellement pour parler un même langage et ne pas la confondre avec une coupe définitive suite à la mise en place d'une régénération naturelle.

Sans entrer dans un cours très technique de sylviculture, quelques grands principes guides des professionnels doivent être présentés sur les coupes des arbres. Nous verrons ainsi que la sylviculture est un art du contrôle de la nature.

Dans un premier temps, la distinction entre les peuplements forestiers gérés en futaie régulière et ceux gérés en futaie irrégulière doit être faite.

En futaie régulière, tous les arbres d'une même parcelle forestière ont à peu près le même âge. Cette parcelle sera concernée par :

---

1. Voir Gustave Huffel, *Les méthodes de l'aménagement forestier en France*, Annales de l'École nationale des Eaux et Forêts et de la Station de recherches et expériences forestières, Paris, Berger-Levrault, 1927.

– des coupes d'améliorations dont l'objectif est de permettre aux arbres présentant les meilleures caractéristiques physiologiques de se développer harmonieusement tout au long de leur vie ;

– les coupes de régénération ou de renouvellement qui se décomposent en trois phases : la coupe d'ensemencement qui permet de mettre les houppiers en pleine lumière et donc de favoriser la fructification, mais aussi la germination des graines tombées au sol, les coupes secondaires qui permettent la mise en lumière progressive des jeunes arbres et enfin la coupe définitive qui retire les derniers arbres adultes pour laisser la place pour la croissance harmonieuse des plus jeunes.

En futaie irrégulière, toutes les catégories d'âge sont présentes sur une même parcelle. Il y a donc dans le même temps et espace des coupes d'amélioration et de régénération. Cela nécessite une approche et une analyse particulièrement fine du peuplement forestier en place pour que l'objectif de croissance harmonieuse de tous les arbres soit pris en compte quel que soit leur âge.

Dans ce descriptif des méthodes, il faut s'attarder un peu sur la sylviculture à couvert continu. Celle-ci répond à une approche particulière qui s'appuie sur une gestion à l'échelle de l'arbre en tant qu'individu et en favorisant le mélange des essences. De ce point de vue, cette sylviculture apparaît comme une déclinaison plus écologique de la multifonctionnalité. À rebours d'une déclinaison globale appliquée à l'ensemble de la forêt, que l'on pourrait définir comme une mosaïque fluide, la construction de l'intervention sylvicole se place au niveau de l'unité de gestion réduite à quelques arbres. Nous passons d'une vision macro-écologique à une réflexion individualisée.

Dans ce schéma, plusieurs déclinaisons techniques sont possibles, que ce soit la futaie irrégulière ou la futaie jardinée, par exemple. L'une comme l'autre définit des critères techniques basés sur des principes d'action précis :

– inventaire des peuplements forestiers en place ;

– inventaire des sols forestiers ;

– inventaire des éléments relatifs à la biodiversité, y compris l'identification des impacts potentiels de la faune sauvage ;

– mise en place de placettes permanentes pour assurer le suivi de la gestion.

La description initiale des éléments permet ainsi d'opérer un état des lieux de la forêt considérée de la même manière comme pour tout document de gestion forestière. La différence avec les méthodes plus classiques de gestion forestière réside dans la possibilité, *a posteriori*, de contrôler à périodes régulières que les opérations de gestion sont bien conformes au bon équilibre global de la forêt concernée, grâce aux placettes permanentes préalablement choisies et installées.

On l'aura compris, une telle sylviculture en couvert continu oblige la mise en place de plusieurs indicateurs et dispositifs de contrôle du fait que l'intervention sylvicole dite « arbre par arbre » est plus complexe à mettre en œuvre qu'une sylviculture basée sur une application parcelle par parcelle.

Évidemment plus respectueuse de l'écosystème, cette sylviculture nécessite en conséquence des personnels forestiers plus nombreux et la mise à disposition d'outils de contrôle de la gestion forestière particulièrement robustes pour s'assurer que le patrimoine forestier préserve, *a minima*, le même niveau de qualité globale dans le temps entre le moment de l'inventaire initial et celui des récoltes.

Après la coupe définitive, vient le temps du travail de régénération :

– elle est dite naturelle si les graines des arbres de la génération précédente poussent ;

– elle est dite artificielle si l'on plante des très jeunes arbres (1 à 2 ans maximum) en provenance de pépinières.

Aujourd'hui, la régénération naturelle est la méthode très majoritairement utilisée pour le renouvellement des forêts.

Issue de graines provenant des arbres adultes en place, elle est réalisée en exploitant progressivement les arbres adultes pour que les graines puissent germer en permettant aux jeunes arbres de se développer avec un accès optimal à la lumière. La durée de cette opération est variable selon la fructification des arbres adultes, les essences forestières concernées, les phénomènes climatiques (pluie sur les fleurs, gel tardif…) et peut durer jusqu'à une vingtaine d'années. Quand les derniers arbres sont extraits de la parcelle, celle-ci est recouverte de jeunes arbres. En France hexagonale 87 % du renouvellement des surfaces forestières est réalisé jusqu'à présent par régénération naturelle. Les actions de plantations sont donc réduites, sans que cela dispense d'avoir une approche intégratrice de conception et de réalisation des travaux qui sont au fondement du métier de forestier.

Cependant, les évolutions du climat remettent violemment en cause ce principe de base du forestier qui est de faire avec ce que la nature donne. Dans ce contexte, « Aider la nature » pourrait bien dorénavant prendre le sens de la réparer par la plantation. Il est en effet possible de reprendre à cet égard l'expression du directeur général adjoint de l'ONF, pour qui continuer à faire de la régénération naturelle, dans bien des situations, « c'est se raconter des histoires et s'exonérer de notre responsabilité[1] ». Le constat est général sous nos latitudes. Dès lors, le travail est opéré à l'aide de plants provenant de

1. Olivier Rousset, directeur général adjoint de l'ONF, cité dans Julien Claudet, « Sécheresse en forêt : la régénération naturelle "ne suffit plus" », *Trust my science*, 23 avril 2023.

pépinières. Pas celles du grand public, où nous allons acheter les plantes de nos jardins, mais des pépinières professionnelles spécialisées. Il s'agit de jeunes plants (1 à 2 ans maximum) dont l'origine des graines est connue, surveillée et contrôlée, notamment pour des raisons sanitaires. Les graines émanent de peuplements forestiers classés pour la qualité des arbres qui les composent ou de vergers à graines dans lesquels les arbres sont spécifiquement cultivés pour fournir un maximum de graines. Enfin, les graines récoltées sont certifiées par un document attestant de leur provenance (c'est un peu l'AOC pour les graines forestières) et stockées à la sécherie ONF de La Joux dans le Jura qui assure le contrôle, la bonne conservation et la distribution des graines pour 50 % du marché français désormais – avec une centaine d'essences disponibles – vers les pépinières chargées de les faire germer.

Dans ce paysage technique global, la coupe rase occupe une place à part à la fois dans les stratégies sylvicoles et les imaginaires collectifs. Quelle que soit notre appréciation philosophique de la méthode, tentons d'apporter un éclairage dépassionné. Spécifiquement, à la différence de la sylviculture à couvert continu présentée plus haut, la coupe rase est la récolte de tous les arbres dans le même temps sur une même parcelle. Le premier effet de cette coupe sur le spectateur est sensoriel. Alors que la croissance des arbres est un processus lent qui permet à notre « œil » de s'adapter à cette évolution du paysage forestier, la coupe rase apparaît comme un acte perturbant, voire violent, puisqu'il modifie instantanément nos repères en remettant en cause la perspective pérenne, immuable et rassurante offerte par la longévité des arbres. Cette modification d'une géographie historique intime vient heurter l'inconscient collectif pour lequel la forêt représente un paysage d'éternité développé sans l'intervention humaine. Le processus est en fait psychologiquement assez simple :

soudain, la tranchée ouverte, une ruine naturelle surgit dans le construit paysager forestier. À cet égard, qu'il le veuille ou non, le forestier doit désormais travailler avec cette perspective nouvelle de considérer la part culturelle d'un paysage muséifié dans lequel le souvenir de tout un chacun tient lieu de parcelle rassurante d'immuabilité dans l'accélération du monde. Or, de ce point de vue, la coupe rase est une figure emblématique de cette vitesse qui n'a fait que détruire, mettre la nature au service de nos besoins sans penser leurs conséquences, ce qui a justifié qu'un rapport parlementaire[1] en propose la réduction. Cette proposition a pu être critiquée dans le monde forestier, voire perçue comme une forme de provocation. Il ne faudrait pourtant pas à ce sujet que les forestiers oublient les origines politiques de l'encadrement de la gestion forestière, qui a toujours répondu aux impératifs du temps. Qu'il faille désormais jumeler économie, regard paysager et approche biologique nouvelle de la forêt fait partie de notre société. Il revient ensuite au politique qui définit les normes de la pratique forestière d'en déterminer les moyens de sa durabilité tant environnementale, économique que sociale.

Mais revenons à cet acte frappé d'opprobre. Pour bien comprendre ce qu'est cette coupe rase, il convient de se départir dans un premier temps du jugement de valeur pour en saisir ses aspects techniques et motivations. Écartons tout de suite son cousinage parfois opéré avec l'action de défrichement, nécessitant une autorisation préalable. Le défrichement est défini par le droit comme « toute opération volontaire ayant pour effet de détruire l'état boisé d'un terrain et de mettre fin à sa destination forestière » ou ayant indirectement les mêmes conséquences (art. L. 341-1 c. for.).

1. Voir Anne-Laure Cattelot, *La forêt et la filière bois à la croisée des chemins : l'arbre des possibles*, Assemblée nationale, juillet 2020.

Ici, rien de tel, la coupe rase est un acte de récolte suivi d'une régénération, naturelle ou non, de la parcelle qui garde sa destination forestière. Il n'y aura pas de changement de destination forestière du sol.

Différents motifs sont évoqués pour la justifier :

– sanitaire : les arbres sont tous malades ou bien risquent de devenir des vecteurs de dégradation sanitaire pour les arbres à proximité. C'est typiquement les coupes liées aux attaques massives de scolytes ;

– un peuplement forestier dépérissant suite à une évolution du climat et qui nécessite sont remplacement en totalité ;

– dans le cadre de la prévention des feux de forêts en créant de larges pare-feux, même provisoires ;

– nécessaire pour la régénération de certaines essences dite de « pleine lumière » et conforme au document de gestion. Cet argument prime dans le cadre des peuplements homogènes.

Bien entendu, cela n'est pas sans possibles conséquences. Ce type de prélèvement sur de grandes surfaces peut générer :

– des modifications sur les sols et notamment la « remontée » de la nappe d'eau à la surface du sol par disparition de l'aspiration et de l'évapotranspiration des arbres. Il peut également apparaître une modification du fonctionnement biologique du sol, notamment par une minéralisation accélérée de l'humus ;

– des modifications des espèces présentes sur le sol par une brusque mise en lumière ;

– une rupture dans les paysages par l'apparition d'une bande, d'un trou. On remarquera que ce point peut être relativisé en termes d'appréciation ou de sensibilité si ces bandes sont réalisées pour des pistes de ski, par exemple ;

– une perte de repère pour ceux qui bénéficient des paysages forestiers ;

– un risque de reprise de l'érosion des sols, même avec des pentes peu prononcées, avec un risque d'exportation des éléments organiques et minéraux indispensables et nécessaires à la croissance des arbres notamment.

On comprend mieux l'importance d'intégrer l'ensemble de ces facteurs et de rechercher la solution la mieux adaptée à la situation locale lorsqu'il s'agit d'orienter une décision forestière. Il faut insister sur un élément essentiel de la question : la gestion et l'entretien du sol au moment de la coupe. S'impose l'absolue nécessité de porter une attention particulière à son bon entretien. Comme en agriculture, le sol forestier n'est en effet pas une ressource renouvelable malgré la capacité de l'écosystème à se régénérer. Doivent être notamment pris en compte les processus d'acidification dans lesquels les pratiques forestières prennent une part importante[1]. En outre, la question de la mécanisation émerge puisque certaines pratiques mécanisées peuvent poser autant de problèmes aux sols qu'elles apportent d'aide et de sécurité au travail des ouvriers forestiers. Par ailleurs, en lien avec les aménagements, la durée des révolutions, et donc la fréquence des coupes, joue un rôle dans l'absorption par les sols des éléments minéraux et organiques. La façon dont est récolté un arbre, entier, écorcé, tronc uniquement, etc. d'abord, pose la question de l'exportation hors de l'écosystème de ces éléments essentiels à la fertilité organique du sol. Et l'on a même pu écrire à cet égard que « l'évolution de la fertilité organique des sols dépend de la longueur de la révolution. L'exploitation du peuplement final [...] représente un traumatisme majeur du cycle biologique (cycle des éléments minéraux mais aussi cycle du carbone) » qu'il

1. Voir Jacques Ranger, « Les sols forestiers », *Bulletin de l'Association de géographes français*, 2001, p. 2.

faut mesurer selon l'intensité de la récolte et sa fréquence. Autrement dit, plus les fréquences de coupes sont accélérées plus le sol est fragilisé[1].

La problématique des interventions forestières à l'égard du sol est posée. Elle interroge les effets des pratiques sur l'écosystème et sa capacité à se régénérer. Mais à rebours d'une image répandue dans le grand public qui ferait de la taille de ces coupes une problématique première, la question de la surface de la coupe rase n'en est pas nécessairement le facteur irritant principal. À ce sujet précis, des aspects culturels méritent d'être pris en compte. Des paysagistes, notamment à l'ONF, ont ainsi démontré que la forme et les perspectives visuelles créées par une coupe rase sont plus perturbantes que la surface de ladite coupe. On ne saurait mieux dire la primauté de notre regard collectif et personnel dans notre appréciation du phénomène. Dans certaines régions forestières, comme dans le massif des landes de Gascogne, la coupe rase sur de grandes surfaces est bien identifiée et tolérée par la population locale, alors que des coupes de surface plus modeste sont jugées inacceptables dans d'autres régions forestières. Sans doute la conscience locale du caractère très économique de la forêt de production des landes de Gascogne – et son caractère artificiel vu comme un champ d'arbres ? – est-elle un facteur important de cette divergence de vision. Mais pas seulement ; les mécanismes de patrimonialisation sont plus complexes et engagent une pluralité d'acteurs sur le terrain qui abordent culturellement la forêt de manière complémentaire entre enjeux de

1. Jacques Ranger et Maurice Bonneau, « Effets prévisibles de l'intensification de la production et des récoltes sur la fertilité des sols de forêts. II. Les effets de la sylviculture », *Revue forestière* française, vol. 38, n° 2, 1986, p. 105. Citation p. 114.

protection et enjeux de production[1]. Dès lors, c'est à cet égard que nous devons penser l'éducation et l'information de tous les acteurs des coupes comme des populations qui les perçoivent. Non pas comme justification d'une industrialisation, mais comme explication de la nécessité de couper pour entretenir les massifs forestiers dans leur destination économique tout autant qu'écologique. Il n'est pas question de réduire la forêt à un stock de ressource exploitable, pour reprendre les mots de Dominique Bourg et Sophie Swaton[2], mais bien d'adopter une approche qui permette d'en saisir sa complexité à l'échelle de ses apports globaux à l'humanité qui en font un bien commun. Il appartient ensuite aux exploitants de répondre à des cahiers des charges incluant l'effet des pratiques sur l'écosystème en regard des priorités relatives à sa durabilité. Si nous parvenons à enregistrer un bilan organique positif ou nul, alors l'exploitation pratiquée ne pose aucun problème[3]. Parfois, même, la coupe définitive sur des surfaces de plusieurs dizaines d'hectares peut présenter un intérêt pour certaines espèces animales, à l'instar du Tarier pâtre, un petit passereau de la famille des Muscicapidae, habitant de ces espaces ouverts ou semi ouverts.

Et le forestier au milieu de tout cela ? Il observe, comme d'autres professionnels, une forme de schizophrénie de notre société. Pour le citoyen lambda, l'on devrait jumeler à la fois le plaisir de contempler de magnifiques arbres en forêt et posséder une maison et des meubles en bois. En revanche, le forestier, le bûcheron et l'entreprise qui fait le lien entre ces deux acteurs devraient être discrets sinon absents ! Ne pas

---

1. Pour un travail spécifique sur le massif landais, voir Aude Pottier, *La forêt des Landes de Gascogne comme patrimoine naturel ? Echelles, enjeux, valeurs*, thèse géographie, Université de Pau Pays de l'Adour, 2012.
2. Dominique Bourg et Sophie Swaton, *Primauté du vivant, op. cit.*, 2021.
3. Voir Jacques Ranger et Maurice Bonneau, loc. cité, 1986, p. 117.

perturber le musée paysager. La solution serait alors d'exploiter ailleurs… Comme nous exportons finalement notre dette climatique par la production de carbone importée, importer la déforestation serait préférable. Solution pour le moins critiquable, égoïste et absurde, que l'Union européenne rejette aujourd'hui fermement à travers la lutte contre la déforestation importée dont la France est un moteur.

Il apparaît ainsi que la vision du forestier est de plus en plus isolée au regard des évolutions de la société 4.0 ultraconnectée. Sachant, scientifique, expert, son savoir est mis en doute comme partout. Il n'est ici pas exempté de la dégradation de la confiance de nos concitoyens envers les scientifiques. Si l'on sait mieux enseigner que l'enseignant, si l'on sait mieux soigner que le médecin…, alors pourquoi ne connaîtrait-on pas mieux la forêt que le forestier ? Pourquoi lui ferait-on confiance dans une société où une étude d'Ipsos pour l'institut Sapiens parue le 19 octobre 2022 expose qu'« un Français sur deux estime que ce n'est pas parce qu'un scientifique spécialisé sur un sujet lui démontre un fait scientifique que c'est vrai ». On imagine sans peine ce qu'une telle tendance peut engendrer à l'égard de la parole forestière où les débats sont légion sous la canopée.

Il est donc vital que son positionnement évolue pour incorporer une pédagogie que les forestiers publics ont très largement abandonnée sous l'injonction de rentabilité et la pression à la baisse des effectifs. Les forestiers de l'ONF visitaient les écoles, enseignaient la forêt alentour aux enfants qui pouvaient ainsi apprendre du savoir technicien. Sans doute était-ce perfectible. Mais cette approche n'existe plus guère et n'a pas été remplacée. Nous pouvons et devons même le regretter, car ce lien-là est essentiel à l'apprentissage non seulement de la connaissance du milieu forestier, mais aussi des comportements adéquats en forêt, pour se protéger soi-même et protéger l'environnement. Il est possible de crier à l'inconscience, à la bêtise, mais le premier moyen de lutte contre cet affaissement culturel forestier dans une société qui n'a jamais été autant urbaine est bien l'éducation. Combien de feux démarrent par l'ignorance qui provoque la bêtise ? Combien de piqûres de tics occasionnant la maladie de Lyme, parce que l'on n'a pas la bonne tenue, les bonnes chaussures ? etc. Il faudrait ici réapprendre la parole du sachant dont la responsabilité est aussi de transmettre une vision sur le long terme de l'avenir de la forêt : il devient, comme le qualifient les forestiers allemands, la *Vertrauenperson,* c'est-à-dire la personne de confiance. C'est bien là tout l'enjeu des gestionnaires des forêts pour faire reconnaître à nos sociétés la qualité de leur travail. Et cela est d'autant plus important que nous allons devoir adapter nos forêts et notre regard au défi climatique.

2
L'indispensable adaptation climatique des forêts
L'eau au cœur des enjeux forestiers

La forêt séquestre le carbone. Chacun en a désormais conscience. Les forêts contiennent 81 % du carbone stocké dans la biomasse vivante de la biosphère[1]. Au-delà du carbone auquel il est bien identifié, l'arbre peut même être décrit comme « un amoncellement de polluants atmosphériques qui viennent de l'air. [...] On peut d'ailleurs comparer un arbre à une usine d'épuration[2]. » Le mécanisme naturel qui permet ce stockage est fondé sur la photosynthèse opérée dans les feuilles des arbres et des autres espèces végétales qui poussent en forêt. Ce stockage se réalise à travers la forme générique d'hydrates de carbone, plus communément appelés « sucres »,

1. Jean-Luc Dupouey et al., « Stocks et flux de carbone dans les forêts françaises », *Revue forestière française*, 2000, vol. 52, numéro spécial « Conséquences des changements climatiques pour la forêt et la sylviculture », p. 139. La littérature se précise et évolue sur ce sujet. En 2020, la FAO indique que les forêts contiennent un stock total de carbone de 662 Gt, en recul par rapport à 1990, du fait de la déforestation, alors que les émissions, elles, continuent de croître. 44 % de ce carbone est séquestré dans la biomasse vivante, 45 % dans la matière organique du sol, le reste se partageant entre le bois mort et la litière. <https://www.fao.org/3/CA8753FR/CA8753FR.pdf>.
2. Francis Hallé, *La vie des arbres*, Paris, Bayard, 2011, p. 16.

qui permettent la croissance de l'arbre sous forme de matière ligneuse appelée bois ; sucre que l'on trouve en réserve dans les racines pour permettre à l'arbre de redémarrer chaque printemps.

Nous le savons, le réchauffement climatique est causé notamment par l'émission excédentaire de gaz carbonique dans l'air par l'activité humaine[1]. Il serait dès lors aisé de penser que planter des arbres résoudrait le problème. Si cette solution apparaît évidente, elle ne l'est pas. L'explication de cette contradiction se trouve dans les cycles naturels. Ainsi, alors que le stock de carbone des forêts européennes a augmenté jusqu'à la fin du xxe siècle, ce n'est plus le cas aujourd'hui. Les données du Réseau français pour l'Adaptation des forêts au changement climatique (RMT AFORCE) mettent en évidence cette stagnation, voire réduction. La moitié environ de ce stock de carbone se trouve dans les sols forestiers. Si les forêts sont défrichées ou détruites par le feu, le carbone qui y est stocké est relâché dans l'atmosphère, alimentant la mécanique du réchauffement.

Rappeler quelques bases de science permet la compréhension des phénomènes à l'œuvre. Comme tout être vivant, l'arbre respire et rejette en conséquence du dioxyde de carbone ou gaz carbonique (CO_2). En période météorologique dite « normale » pour lui, c'est-à-dire conforme à ses caractéristiques de développement, la balance de ce rejet est positive en faveur du relargage d'oxygène (O_2), ce qui explique que nous disions que l'arbre capte le CO_2.

1. Le CO_2 n'est pas le seul gaz à effet de serre. Le méthane, particulièrement, compte aussi de manière considérable. Celui-ci, contenu par exemple dans le permafrost, est libéré par le réchauffement du sol gelé du fait du réchauffement climatique local ou encore par les feux de forêts en Sibérie, ce qui aggrave les causes du réchauffement.

Tel n'est pas le cas en période de sécheresse. Dans cette situation de plus en plus fréquente, notre arbre rencontre de gros problèmes :

– la photosynthèse ne transforme pas le carbone CO_2 en hydrate de carbone en libérant de l'oxygène O_2. Elle utilise les atomes d'hydrogènes (H) de l'eau (H20) pour les combiner avec le CO_2 pour produire les hydrates de carbone et c'est l'oxygène (O_2) de l'eau (H_2O) qui est relâchée dans l'atmosphère. Deux molécules d'eau (H_20) sont donc nécessaires pour relarguer une molécule d'oxygène (O_2). En résumé : pas d'eau, pas de photosynthèse. Donc pas de relargage d'oxygène ;

– la sécheresse peut ainsi conduire à ce qu'une forêt rejette plus de CO_2 qu'elle en absorbe. Retenons cet élément, car il met l'accent sur l'autre drame climatique qu'est le changement de ce qu'on appelle le régime des eaux dont la forêt est une régulatrice fondamentale ;

– avec l'élévation des températures, l'arbre transpire. Pour réduire sa consommation d'eau, dont le besoin augmente avec la chaleur, il va donc fermer tous les orifices (stomates) de ses feuilles qui laissent la vapeur d'eau s'échapper. Ainsi, le CO_2 ne peut plus rentrer dans la feuille et la photosynthèse s'arrête ;

– en période climatique adaptée à l'arbre, la sève remonte des racines à une vitesse de 2 cm/minute grâce à la structure des vaisseaux dans laquelle elle circule, mais aussi par l'aspiration contrôlée *via* la transpiration des feuilles. Or une trop grande sécheresse, en réduisant à la fois le volume d'eau disponible, donc de sève qui remonte vers les feuilles, et en accélérant la transpiration, provoque une embolie gazeuse par rupture de la colonne de sève. L'INRAE définit cette embolie d'une manière qui nous ramène à la tuyauterie dont parle Alexis Jenni : « L'embolie gazeuse représente une des causes principales de la mortalité des arbres lors de sécheresses sévères. L'embolie gazeuse est une conséquence de la cavitation, c'est-à-dire une entrée d'air dans le circuit de circulation d'eau des arbres, ce qui entraîne la rupture de ce circuit. Dans un contexte de réchauffement climatique, ce dysfonctionnement hydraulique est devenu un sujet de préoccupation majeur[1]. » Une équipe de l'université de Grenoble a même découvert en 2017 que le manque d'eau peut générer des sons à l'intérieur de l'arbre du fait du phénomène de cavitation dans les tubes appelés xylènes. Cet événement peut même conduire à la mort de l'arbre si les cavitations se produisent en trop grand nombre;

– si la sécheresse et la chaleur persistent, l'arbre va se débarrasser de ses feuilles et se mettre en position de « pause hivernale » pour réduire sa consommation d'énergie interne.

Ces phénomènes génèrent des réactions en cascade. Raccourcissement de la période de végétation, réduction de la production d'hydrate de carbone, croissance réduite, baisse de réserve pour démarrer le printemps suivant. L'arbre est fragilisé. Il est donc plus sensible aux attaques de parasites. Voilà une cause claire de l'augmentation de la morbidité…

À titre d'exemple de ces fragilités aggravées, nous pouvons prendre la crise sanitaire du scolyte sur les épicéas. Sa férocité depuis 2019 est en partie liée aux sécheresses successives de ces dernières années, certes moins intenses qu'en 2022, mais récurrentes. En effet, pour les épicéas, le manque d'eau conduit à une plus faible production de résine. Or quand un épicéa est attaqué par les scolytes il se met à produire plus de résine pour engluer le scolyte et empêcher la ponte de ses œufs sous l'écorce. Quel est le problème? En fait, les arbres communiquent entre eux, alertent leurs voisins des menaces dont

1. Pascale Mollier, « Sécheresse et embolie gazeuse chez les arbres », INRAE, 30 août 2016. URL: <https://www.inrae.fr/actualites/secheresse-embolie-gazeuse-arbres>.

ils sont l'objet. Ils le font par l'intermédiaire de phéromones[1] que leurs voisins détectent. Ce faisant, les autres épicéas se mettent à produire plus de résine pour empêcher la ponte des scolytes. Mais le manque d'eau réduisant cette capacité de production de résine, les arbres se fragilisent. Il existe des solutions. Les attaques de scolytes ne sont pas un phénomène nouveau. Elles ont toujours existé et ont été maîtrisées par les forestiers. Il s'agit notamment de couper les arbres affectés et de dégager une zone alentour pour éviter la propagation. Mais les évolutions du climat avec des hivers moins rigoureux, des saisons plus chaudes ont conduit à favoriser la multiplication de la pullulation des insectes, dont les scolytes, qui s'attaquent désormais même à la forêt boréale, loin, très loin de leurs bases primitives. À titre d'exemple, les forestiers finlandais sont particulièrement préoccupés de l'accroissement, sans précédent connu, des attaques de scolytes sur leur territoire. D'une génération par an, nous sommes passés à trois ou quatre générations dans certaines régions, multipliant les attaques et les dégâts qu'elles occasionnent, rendant particulièrement difficiles les actions curatives des forestiers, fragilisant l'écosystème entier en le déséquilibrant.

Enfin, de nombreuses essences d'arbres sont en symbiose avec certaines espèces de champignons. Les chercheurs connaissent bien cette relation symbiotique qui place le champignon au cœur de l'évolution de l'écosystème forestier[2]. Que se passe-t-il ? Une relation gagnant/gagnant au niveau du système racinaire des arbres à travers le processus

1. Une phéromone est une substance chimique comparable aux hormones, émise par la plupart des animaux et certains végétaux, et qui agit comme un message entre les individus d'une même espèce.
2. Voir notamment Francis Martin, *Sous la forêt. Pour survivre, il faut des alliés*, Paris, Alpha/Humensis, 2022.

de mycorhize. En échange de la fourniture d'eau par le mycélium du champignon, l'arbre dispense les hydrates de carbone nécessaire à la croissance de son mycélium. Si cet équilibre est rompu du fait de la sécheresse, le mycélium n'apporte plus d'eau à l'arbre et se voit privé en conséquence des hydrates de carbone nécessaires à sa vie. Dans ce cas, deux conséquences sont possibles : soit le champignon meurt, soit il passe de la symbiose au parasitisme et détruit l'arbre. Cette deuxième hypothèse a été constatée après la sécheresse de 1976, lorsque les chênes ont été victimes d'une attaque d'un champignon de la famille des armillaires.

Pourquoi tant insister sur l'eau ? La réponse est simple. Dans la démarche de soin à l'égard des bois et forêts, si la reconstitution d'espaces forestiers, de boqueteaux et de haies présente un intérêt certain, les réflexions collectives doivent intégrer la capacité/réserve en eau du sol comme facteur limitant pour la croissance des essences plantées. Or, les dernières nouvelles de la recherche peuvent effrayer lorsqu'elles nous enseignent qu'une sixième limite planétaire a été dépassée, celle de l'eau verte, c'est-à-dire l'eau absorbée par les végétaux, comprenant les précipitations, l'évaporation et, bien sûr, l'humidité des sols. L'actualité des premiers mois de 2023 ne fait que montrer le franchissement de cette barrière avec des sécheresses qui, déjà, permettent à des incendies de se développer dans le monde, en France et plus encore au Canada, où la région de l'Alberta a connu des incendies catastrophiques dès le mois de mai.

Attardons-nous sur ce lien entre l'eau et la forêt. Nous avons vu l'ancienneté de ce rapprochement dès le premier chapitre à travers la définition du mot « forestier », qui jumelait eau et forêt. Gustave Huffel enseignait ainsi que « le mot *forestis* apparaît pour la première fois dans les textes au milieu du VIe siècle, dans un diplôme de Childebert II qui remonte à 558.

Il y désigne une réserve de pêche ». Il ajoutait que « le document le plus ancien à ma connaissance, où le mot *forestis* se présente avec le sens de terrain boisé est postérieur d'un siècle[1] ».

Les textes de notre droit d'Ancien Régime en ont officialisé le lien organique avec la création de l'Administration des eaux et forêts. La période des XIIIe et XIVe siècles marque à ce sujet un aboutissement organique qui va perdurer, finalement, jusqu'à la création de l'Office national des forêts le 1er janvier 1966, qui met fin à l'Administration des eaux et forêts au nom d'impératifs budgétaires dont il faut interroger les fondements et les conséquences[2].

Mais une Administration, aussi symbolique soit-elle, n'est qu'une institution politique, nullement porteuse en elle-même d'une réalité scientifique. De ce point de vue, il nous faut remonter au XVIIIe siècle pour que la science énonce ce lien entre le régime des eaux et la forêt. Dans ses *Époques de la nature*, Buffon en fait un élément des analyses qu'il porte sur le climat. Il fait ainsi, par exemple, le lien direct entre les défrichements de Cayenne et le climat local au regard des alentours amazoniens non défrichés. Depuis un siècle qu'un petit canton de forêt a été défriché autour de la ville, expose Buffon, la différence de températures et de pluviométrie se fait sentir. Pour le régime des eaux, il constate que « les pluies cessent plus tôt et commencent plus tard à Cayenne que dans l'intérieur des terres ; elles sont aussi moins abondantes et moins continues[3] ». Bien sûr, la théorie scientifique portée

1. Gustave Huffel, *Les méthodes de l'aménagement forestier en France*, *op. cit.*, 1927, note 1 p. 13.
2. Sur cet épisode, voir Daniel Perron, *La forêt française. Une histoire politique*, *op. cit.*, 2021.
3. Buffon, « Les Époques de la Nature », dans *Histoire naturelle, générale et particulière contenant Les époques de la Nature*, tome douzième, Paris, Imprimerie royale, 1778, p. 347.

par Buffon dans cette œuvre n'est plus à retenir quant à l'évolution climatique de la planète ou encore quant à la conviction d'une puissance salvatrice de la civilisation à l'égard de la nature. Il n'en demeure pas moins que le lien forêt/eau forêt/climat y est justement mis en avant même si, au-delà de l'observation, les termes de l'équation climatique ne sont plus les mêmes au regard de la période dans laquelle se situaient les travaux de Buffon[1].

> Une seule forêt de plus ou de moins dans un pays, écrit le grand scientifique, suffit pour en changer la température : tant que les arbres sont sur pied, ils attirent le froid, ils diminuent par leur ombrage la chaleur du soleil ; ils produisent des vapeurs humides qui forment des nuages et retombent en pluie d'autant plus froide qu'elle descend de plus haut : et si ces forêts sont abandonnées à la seule Nature, ces mêmes arbres tombés de vétusté pourrissent froidement sur la terre ; tandis qu'entre les mains de l'homme, ils servent d'aliment à l'élément du feu, et deviennent les causes secondaires de toute chaleur particulière[2].

Après Buffon, d'autres auteurs apporteront leurs réflexions sur la controverse des effets hydrologiques du boisement, pour reprendre les mots du forestier Maurice Pardé en 1936[3]. Parmi

---

1. La planète a déjà connu des périodes de refroidissement ou de réchauffement. Sur ces « saisons » climatiques de l'histoire, voir Jean-Baptiste Fressoz et Fabien Locher, *Les Révoltes du ciel. Une histoire du changement climatique XVe-XXe siècle*, Paris, Seuil, 2020. Pour une analyse des effets du changement climatique sur les sociétés, voir Philipp Blom, *Quand la nature se rebelle. Le changement climatique du XVIIe siècle et son influence sur les sociétés modernes*, Paris, Éditions de la Maison des sciences de l'Homme, 2020.
2. Buffon, *ibid.*, p. 349.
3. Maurice Pardé, « La forêt et les cours d'eau, d'après un grand forestier », *Revue de géographie alpine*, tome 24, n° 4, 1936, p. 943.

eux, il y a bien sûr François-Antoine Rauch, qui clamait à la face du pouvoir qu'il voulait convaincre de la bienfaisance des arbres, de la sagesse du monde antique soucieux de la postérité lorsque, « en plantant un arbre, on se voyait vivre et bénir pendant de longues générations[1] ». Il ouvrait son *Harmonie hydro-végétale* par des « considérations générales sur l'influence que les forêts exercent sur l'augmentation ou la diminution des eaux vaporisées, le refroidissement ou le dessèchement de la terre, l'altération des températures et des saisons[2] ». À la même période, Rougier de la Bergerie, dans toute sa production, Jean-Antoine Fabre, dans son essai sur la théorie des torrents en 1797, et l'ancien préfet des Basses-Alpes, Dugied, qui tentait d'alerter l'Administration en 1819, entretiennent la flamme de l'intérêt aquifère des forêts avant que l'ingénieur Alexandre Surell, sur lequel nous reviendrons pour son travail relatif aux effets du déboisement sur le phénomène torrentiel, emporte l'adhésion quant à la nécessité politique de reboiser les montagnes au milieu du XIXe siècle[3].

L'histoire de l'approche scientifique et les débats relatifs aux interactions entre la forêt et le régime des eaux mériteraient

---

1. François-Antoine Rauch, *Régénération de la nature végétale*, Paris, Imprimerie de P. Didot L'ainé, 1818, tome II/II, p. 9. Cet ouvrage est la réédition mise à jour de son précédent : *Harmonie hydro-végétale et météorologique*, Paris, Chez les Frères Levrault, An X, 2 tomes. Pour une synthèse de l'œuvre de François-Antoine Rauch, voir Jean-Baptiste Fressoz et Fabien Locher, *Les révoltes du ciel*, *op. cit.*, 2020, p. 127 s. Des mêmes auteurs, *Régénérer la nature, restaurer les climats : François-Antoine Rauch* et les *Annales européennes de physique végétale et d'économie publique 1815-1830*, *Le Temps des Médias*, 2015, vol. 2, n° 25, p. 52.
2. François-Antoine Rauch, *Harmonie hydro-végétale*, *op. cit.*, t. I/II, 1818, p. 9.
3. Sur cette question de la traduction légale de ces travaux scientifiques, voir Daniel Perron, *La forêt française*, *op. cit.*, 2021, p. 235 s.

de très amples développements, impliquant un nom comme Antoine Becquerel, professeur de physique au Museum national d'histoire naturelle, grand-père du Prix Nobel Henri Becquerel, qui s'est consacré notamment à l'étude de l'influence des forêts sur le climat[1]. La science du XIXe siècle étudie, tâtonne, cherche des réponses aux phénomènes parfois connus de l'expérience populaire, mais que l'on commence à peine à comprendre. Car déjà, à l'instar de Lamarck[2], les scientifiques savent l'action anthropique destructrice et les besoins de la modifier. Si l'on peut retenir cette image lyrique des arbres « siphons intermédiaires, entre les nuages et la terre » qui « commandent au loin aux eaux vagabondes de l'atmosphère de venir verser dans leurs urnes protectrices les eaux qui doivent nourrir les sources, faire couler les ruisseaux, rafraîchir les vertes prairies et féconder les germes confiés à la terre [...][3] », la science a évidemment progressé dans la connaissance.

« Les forêts dépérissent de jour en jour, exposait Antoine Becquerel ; hâtons-nous d'arrêter leur destruction et d'en créer de nouvelles[4] ». Nous en sommes finalement encore là 160 ans plus tard. À leur chevet, scientifiques et forestiers

1. Voir notamment Antoine Becquerel, *Des climats et de l'influence qu'exercent les sols boisés et non boisés*, Paris, Firmin Didot frères, 1863. Du même auteur, mais avec son fils Edmond Becquerel, père de Henri, voir *Éléments de physique terrestre et de météorologie*, Paris, Firmin Didot frères, 1847.

2. « On dirait que l'homme est destiné à s'exterminer lui-même après avoir rendu le globe inhabitable », écrivait Lamarck. Cité par Valérie Chansigaud, *Les Français et la nature. Pourquoi si peu d'amour ?*, Arles, Actes Sud, 2017, p. 12.

3. François-Antoine Rauche, *Harmonie hydro-végétale*, *op. cit.*, t. I/II, 1818, p. 12.

4. Antoine Becquerel, *Des climats et de l'influence qu'exercent les sols boisés et non boisés*, *op. cit.*, 1863, p. VII.

étudient désormais à la fois les effets locaux et mondiaux du déboisement et de la restauration locale ou mondiale des forêts à partir de modèles très complets, qui n'éteignent cependant pas la dispute scientifique sans cesse renouvelée. Dernièrement, une étude de chercheurs de l'université de Wageningen parue en mai 2022 expose ainsi que la restauration des arbres à grande échelle modifie la disponibilité de l'eau et le débit des cours d'eau tant à l'échelle locale que continentale. Le phénomène d'évaporation joue un rôle considérable dans cette évolution. Pour ces chercheurs, si l'augmentation locale des précipitations est susceptible d'augmenter la disponibilité de l'eau, à l'échelle continentale, il faudrait constater une perte globale nette de disponibilité de l'eau sur les continents. Ils en déduisent l'importance de ces données sur le régime des eaux pour construire des stratégies intelligentes de restauration des arbres[1]. L'étude est passionnante. Elle dit bien la complexité des mécanismes naturels que nous modifions en changeant le climat et en détruisant la forêt. Surtout, elle vient débatte avec une publication précédente d'une équipe de l'université suédoise des sciences de l'agriculture, dirigée par David Ellison qui, elle, concluait à une hausse de la disponibilité globale de l'eau, à l'échelle macrogéographique[2]. La dispute, on l'aura compris, repose sur l'analyse des effets locaux ou globaux à la fois du besoin en eau des forêts et du phénomène d'évapotranspiration, que les scientifiques étudient. Reste une certitude absolue : en modifiant le couvert forestier, nous troublons le cycle de

1. Anne J. Hoek van Dijke et al., « Shifts in regional water availability due to global tree restoration », *Naturegeoscience*, 11 mai 2022.
2. David Ellison, Martyn N. Futter, et Kevin Bishop, « On the forest cover–water yield debate: from demand- to supply-side thinking », *Global Change Biology*, 2012.

l'eau. Si la reforestation pose ces questions, inutile d'insister sur le fait que la déforestation perturbe grandement le cycle de l'eau, ce qui justifie amplement la conclusion développée par l'équipe de David Ellison d'une nécessité de considérer les écosystèmes forestiers comme des biens publics mondiaux en regard de leur impact sur le cycle de l'eau. Nous changeons, en effet, par notre action, les conditions mêmes de disponibilité sur les continents de ce bien commun : l'eau.

Simplifions pour que chacun puisse prendre conscience de ce qui se passe. La présence des forêts a un impact fort sur la régulation des températures et sur la pluviométrie par :

– l'ombrage des feuilles qui absorbent une quantité substantielle de l'énergie du rayonnement solaire ;

– la transpiration et l'émission de certaines substances qui jouent un rôle de climatiseur ;

– l'absence d'impact direct du rayonnement solaire sur le sol qui réduit l'accumulation de chaleur dans celui-ci et le rayonnement nocturne par relargage de la chaleur emmagasinée ;

– la création d'une « rugosité » sur le sol qui favorise le ralentissement du déplacement des masses et des nuages et donc l'accroissement du volume d'eau déposé par les pluies. L'exemple de la partie ouest du département d'Eure-et-Loir où se déploie l'arc forestier du Perche peut être donné, qui conduit sur cette zone à une moyenne de 900 mm de pluie par an, tandis que la plaine de Beauce, plus à l'est, n'enregistre qu'une pluviométrie de 600 mm par an ;

– la présence de grand massif qui a un impact positif pour la pluviométrie locale. Même si cet impact est moindre que pour les forêts tropicales et équatoriales, il ne faut pas sous-estimer le volume d'eau que la forêt transpire chaque jour. Pour les immenses forêts tropicales et équatoriales les pluies quotidiennes proviennent en très grande majorité de la condensation de la transpiration journalière des arbres.

La déforestation massive pour un usage différent du sol conduit à :

– une perte de pluviométrie ;

– une modification de la structure des sols et leur transformation physico-chimique qui conduit à la latérisation de celui-ci. Il devient alors impropre aux cultures agricoles puis le désert s'installe.

La forêt a également un effet positif lors de pluies exceptionnelles. C'est ce que démontrent plusieurs rapports d'expertises des services d'inspection des ministères chargés de la forêt et des risques naturels, et notamment celui relatif aux crues des 12, 13 et 14 novembre 1999 dans les départements de l'Aude, de l'Hérault, des Pyrénées-Orientales et du Tarn : « La forêt a joué son rôle bénéfique habituel par :

– les feuilles qui interceptent la pluie, limitent son effet mécanique sur le sol et facilitent l'infiltration ;

– le tissu racinaire qui consolide le sol qui se comporte comme une éponge. »

De même, pour les forêts ayant un caractère avéré de protection contre les risques naturels dénommés RTM : « Les forêts de protection (séries "RTM") ont bien résisté, même dans la zone la plus arrosée. Quelques ravines ont été constatées sur de petites surfaces, sans commune mesure avec le ravinement généralisé des parcelles voisines hors couvert forestier[1]. »

Plus récemment, les inondations torrentielles et particulièrement exceptionnelles dans les vallées de la Royat et de la

1. Claude Lefrou et al., *Les crues des 12, 13 et 14 novembre 1999 dans les départements de l'Aude, de l'Hérault, des Pyrénées-Orientales et du Tarn*, Conseil général des Ponts et chaussées/Inspection générale de l'environnement, 16 octobre 2000, p. 74.

Vésubie auraient été sans doute plus destructrices en l'absence du couvert forestier sur les pentes des bassins d'alimentation de ces rivières, fonction protectrice que nous verrons plus loin.

Bien entendu, cette mise en évidence de l'importance des forêts dans la régulation des pluies exceptionnelles masque l'importance de celles-ci en situation dite « normale » – mais que va devenir la normalité à l'ère du dérèglement climatique ? – pour la régulation du débit des cours d'eau, mais aussi pour l'imprégnation des sols et le remplissage des nappes phréatiques. Dans une synthèse des connaissances sur les interactions entre les forêts et l'eau et les principaux problèmes des politiques relatives aux eaux et forêts, la FAO expose ainsi que : « C'est en préservant la qualité de l'eau que les forêts contribuent de la manière la plus significative à améliorer les caractéristiques hydrologiques des écosystèmes de bassins versants. Elles y parviennent en minimisant l'érosion du sol *in situ*, en réduisant la sédimentation des plans d'eau (terres humides, étangs, lacs, cours d'eau, rivières) et en piégeant ou en filtrant les autres polluants de l'eau dans la litière forestière[1]. »

À l'inverse de l'agriculture qui peine à sortir d'un modèle dont le ferment de la révolution productiviste repose sur la chimie et le génie génétique, l'absence d'intrant dans les pratiques et l'utilisation infime, voire inexistante, de produits phytosanitaires dans la gestion forestière a permis de préserver la qualité des eaux situées soit dans les nappes phréatiques localisées sous ces forêts soit les cours d'eau qui trouvent leur source au sein de ses massifs. Il apparaît, au moment où la ressource aquifère, en qualité ou en quantité, devient un sujet de plus en plus prégnant, que la question de la disponibilité en

1. Ian Calder, Thomas Hofer, Sibylle Vermont et Patrizio Warren, *Vers une nouvelle compréhension des arbres et des forêts*, FAO.

eau héritée de l'écosystème forestier devient chaque jour plus stratégique. Certaines de ces ressources sont commercialisées pour le consommateur sous l'appellation eau de source. Si cet usage économique peut être sujet à débat, retenons que des contrats existent entre les embouteilleurs et les propriétaires de terrains au-dessus de ces ressources pour encadrer ou interdire les traitements phytopharmaceutiques et protéger les zones de captage. Ce sont les « paiements pour services environnementaux », dont l'usage est destiné à s'accroître en faveur de la forêt.

Garante de la qualité des eaux, filtre naturel, la forêt peut aussi être mise en danger pas les pluies. À ce titre, elle se trouve encore au centre des enjeux systémiques du bon état écologique des eaux. Au début des années 1980, les scientifiques ont alerté sur les conséquences des « pluies acides » tombant sur les forêts. À l'époque, les forêts de la République fédérale d'Allemagne dépérissaient; le phénomène étant considéré alors comme le plus grave rencontré par les forêts… En 1983, dans une tribune à destination du grand public publiée dans le journal *Le Monde*, le biologiste forestier Pierre Bouvarel alertait sur ce phénomène issu de l'acidification des plans d'eau en expliquant : « C'est un filtre fragile, qui souffre de doses inférieures aux valeurs limites admises et dépérit avant d'avoir un effet bénéfique sur l'environnement[1]. » L'accumulation des polluants sur les arbres due aux précipitations et dépôts secs des composants acides présents dans l'atmosphère mettait en danger la forêt dont la fragilisation avait été observée du fait de la défoliation et du jaunissement d'aiguilles de résineux sur sols acides. Le débat a été vif, jumelant enjeux scientifiques et politiques, dépassant les seuls forestiers avec une communautarisation

1. Pierre Bouvarel, « Des forêts menacées par les "pluies acides" », *Le Monde*, 12 octobre 1983.

de l'approche du phénomène par l'intervention de la Commission européenne dans un débat qui intéressait aussi par exemple la mise en place d'une réglementation sur le pot catalytique en automobile[1]. Est-il meilleure preuve que nos choix collectifs consuméristes touchent la biosphère forestière ?

Ici, la protection des forêts passe par des politiques systémiques garantissant aussi un bon état écologique des eaux et de notre atmosphère... La symbiose, encore une fois, s'impose.

Nous avons encore beaucoup à apprendre sur ce sujet. Les progrès de la science enseignant chaque jour un peu plus les ramifications des échanges entre santé des forêts et leur rôle prophylactique au sein de l'environnement, nous devons sans cesse lutter pour protéger le milieu forestier d'autres attaques liées à nos usages de la nature.

Un besoin de protections protéiformes

Avec le réchauffement climatique, la sécheresse ne fragilise pas seulement les arbres. Elle multiplie les causes possibles d'incendies par l'assèchement des sols. Évacuons tout de suite les causes naturelles de ceux-ci, à savoir la foudre. Cela existe, bien sûr, mais la réalité est que les forêts flambent par le fait des hommes, soit par malveillance soit par imprudence. 90 % des feux de forêts en France sont d'origine humaine.

En préalable à toute discussion, nous devons prendre conscience d'un élément fondamental à l'heure du réchauffement anthropique de la planète : une forêt incendiée libère du

1. Pour un retour panoramique sur ce débat, voir Gabrielle Bouleau, « Point de vue d'un acteur français sur la controverse des pluies acides (1983-1991). Entretien avec Christian Barthod », *Vertigo. La revue électronique en science de l'environnement*, vol. 16, n° 2, septembre 2016.

CO_2 dans l'atmosphère, alimentant le réchauffement par effet de domino, que les spécialistes nomment « boucles de rétroaction ». En effet, comme l'indique la FAO, 662 milliards/tonnes de CO_2 sont stockées dans les forêts pour 760 milliards/tonnes dans l'atmosphère… Le potentiel de libération de CO_2 est donc absolument considérable. Les recherches montrent aujourd'hui des situations différentes selon les milieux. Si la végétation régénérée semble avoir absorbé le carbone émis dans l'atmosphère lors des incendies en Australie de 2019 et 2020[1], il n'en est pas de même partout sur la planète. La situation australienne est ainsi notamment due à la forte résilience de la plupart des arbres touchés (eucalyptus etc.) au feu et à la croissance rapide de la végétation du sous-étage dans des conditions humides en 2020. Il ne faut donc tirer aucune conclusion générale d'une situation dont nous savons les singularités.

Pour 2022, à l'échelle européenne, avec 785 000 hectares incendiés, les émissions totales de carbone sont estimées à 9 millions de tonnes par le système européen de surveillance de l'atmosphère Copernicus. Pour le monde, le niveau des émissions des feux de forêts est estimé à 1,455 milliards de tonnes de carbone… Des différences doivent être notées selon les feux puisque les dégagements dépendent des densités de peuplements, des essences et des sols comme de l'intensité des incendies – un arbre entièrement calciné ne libère pas la même quantité de carbone qu'un arbre protégé par son écorce… Si la moyenne européenne en 2022 revient à 11,5 tonnes de carbone par hectare lâché dans l'atmosphère à la suite d'un feu, elle peut être mieux appréhendée. Des études fines localisées s'avèrent indispensables pour saisir davantage les différences

1. « Large loss and rapid recovery of vegetation cover and aboveground biomass over forest areas in Australia during 2019-2020 », *Remote Sensing of Environment*, vol. 278, 1er septembre 2022.

existantes selon les sols, les essences, les types de sylviculture, etc. La mise en place de ces études pour développer notre connaissance est d'autant plus essentielle que, le 27 juin 2023, nous apprenons, selon la base de données Copernicus, que les gigantesques incendies connus par le Canada, avec 7,8 millions d'hectares brûlés depuis le début de l'année, ont conduit à un total d'émissions d'environ 160 mégatonnes de carbone, le pays dépassant à cette date le maximum d'émission annuel qu'il n'a jamais connu…

Bien sûr, il est possible de penser que le cycle de vie de la forêt permettra de revenir à un bilan neutre, ce qui est relâché étant réemprisonné avec le temps. Mais la vérité impose de dire que chaque tonne de CO_2 actuellement émise nous écarte de l'objectif de limitation de réchauffement de la planète à 2 °C. À ce titre, par la boucle de rétroaction positive, les incendies alimentent les causes de leurs propres développements en augmentant la libération du CO_2 qui réchauffe l'atmosphère en occasionnant plus d'incendies par la suite. Il y a donc une double nécessité à protéger les forêts contre les incendies :

– une perte de tous les services rendus par la forêt ;

– une libération massive de CO_2 dans l'atmosphère.

Avec les méga-feux, le grand public et le politique redécouvrent à la une de la presse les inquiétudes ancestrales à l'origine d'une législation de protection des forêts contre le risque incendie. Sans remonter aux prescriptions des coutumiers locaux d'Ancien Régime, nous pouvons citer celles de l'ordonnance sur les eaux et forêts d'août 1669 qui défendaient à toutes personnes et porter et d'allumer du feu dans les forêts, landes et bruyères à peines de punition corporelle ou amendes en sus de la réparation des dommages causés par l'incendie. En 1714, une déclaration du roi interdisait même aux pâtres de faire du feu à moins d'un quart de lieue (1 200 mètres) des forêts, landes et bruyères, sous peine de fouet et de galère en cas de récidive. Les pyromanes des landes et bruyères, eux, encourraient la peine de mort. En 1827, le premier code forestier reprenait cette interdiction dans son article 148, en défendant et « porter ou allumer du feu dans l'intérieur ou à la distance de 200 mètres des bois et forêts » – distance fixée par la loi rurale des 28 septembre-6 octobre 1791 –, sous peine d'amende, peu importe que cela occasionne ou même puisse occasionner des dégâts. Le code pénal, lui, punissait les fauteurs d'incendies issus de feux allumés à moins de 100 mètres des forêts.

La législation préventive comme répressive n'a malheureusement pas pu empêcher tous les feux, d'origine naturelle ou accidentelle ou volontaire jusqu'à la malveillance. De grands incendies marquèrent ainsi les esprits au XIXe siècle, particulièrement ceux frappant les massifs des Maures et de l'Estérel, qui furent l'origine d'une intervention spéciale du législateur avec la loi du 6 juillet 1870, première loi particulière organisant un système obligatoire d'aménagements préventifs dans les 111 000 hectares de ces deux massifs, dont nous retrouvons aujourd'hui les échos dans les aménagements de DFCI. Au XXe siècle, l'ordonnance du 28 avril 1945 relative à la mise en valeur des landes de Gascogne complétait l'arsenal juridique à l'égard de cette région particulièrement sensible aux feux[1] avant que les immenses incendies d'août 1949 (25 000 hectares de forêt sur 52 000 hectares brûlés) ne causent la mort de 82 personnes.

Depuis cet épisode landais dramatique, la lutte contre les incendies de forêt a progressé. Un travail remarquable de

1. Pour une approche historique et contemporaine de la lutte contre les feux de forêts dans les landes de Gascogne, voir Christian Pineaudeau, *Échec aux feux de forêt. Étude sur la défense des forêts contre l'incendie (DFCI)*, Paris, L'Harmattan, 2020.

coordination et de complémentarité entre les forestiers (privés et publics) et les sapeurs-pompiers s'est opéré, accompagnant l'amélioration des moyens techniques de lutte. La DFCI et ce travail quotidien entre les forestiers qui agissent pour prévenir le risque et les sapeurs-pompiers qui interviennent *in fine* pour réduire au maximum les surfaces brûlées.

Pourtant, l'actualité de l'été 2022 marque sans doute un tournant dans la prise de conscience des impératifs nouveaux, notamment à l'égard de l'ensemble du territoire national après que des rapports ont tout de même alerté sur le sujet depuis de nombreuses années[1]. Si les textes législatifs et réglementaires fournissent les instruments juridiques pour prévenir et lutter contre les feux de forêts, ceux-ci doivent faire l'objet d'une adaptation aux évolutions du climat que nous connaissons aujourd'hui, notamment en ce qui concerne l'application des obligations légales de débroussaillement (OLD). Le changement climatique, absent des débats historiques sur le risque incendie, doit désormais être pleinement intégré pour adapter notamment les moyens de lutte sur l'ensemble du territoire, comme l'indique notamment un rapport sénatorial dédié à cette question paru le 3 août 2022[2]. À cet égard, un petit éclairage prospectif s'avère instructif. Selon l'ONF, en 2050, le risque incendie de la forêt de Fontainebleau sera identique à l'actuel risque dans le sud de la France. Encore faut-il imaginer que ces projections sont optimistes au regard des dernières

---

1. Pour exemple marquant, voir Christian Chatry, Jean-Yves le Gallou et al., *Rapport de la mission interministérielle Changement climatique et extension des zones sensibles aux feux de forêts*, juillet 2010. URL : < https://www.vie-publique.fr/sites/default/files/rapport/pdf/104000494.pdf>.

2. Jean Bacci, Anne-Catherine Loisier, Pascal Martin et Olivier Rietmann, *Rapport de la mission conjointe de contrôle relative à la prévention et à la lutte contre l'intensification et l'extension du risque incendie*, Sénat, n° 856, 3 août 2022.

nouvelles sur l'accélération du réchauffement. Concrètement, cela signifie que nous pourrons voir des milliers d'hectares de la forêt de Fontainebleau ou de l'historique forêt de Compiègne brûler. Un nuage noir pourra enfumer la région parisienne – comme il s'est installé au-dessus de Bordeaux et de la Charente à l'été 2022 – si nous ne parvenons pas à déployer et garantir les moyens efficaces de la prévention et de la lutte contre les feux de forêts sur l'ensemble du territoire. Conscient du problème, le législateur a décidé d'agir en proposant une adaptation législative du droit pour prévenir les incendies avec la proposition de loi du Sénat visant à renforcer la prévention et la lutte contre l'intensification et l'extension du risque incendie devenue la loi du 10 juillet 2023. Avec cette loi, par exemple, les obligations de débroussaillement sont renforcées, l'obligation du plan simple de gestion pour les forêts est abaissé de 25 à 20 hectares, etc.

Techniquement, il est important de bien circonscrire les données. La violence des feux de forêts n'est pas uniquement corrélée à la nature des essences forestières qui brûlent. Elle fait aussi écho aux conditions de sécheresse précédent le feu ainsi qu'à la stratification végétale de la forêt. Entendons d'abord le message de la recherche qui pose la question de l'adaptation, propre à chaque type de forêt, de la sylviculture pour agir sur les conséquences d'un incendie. Ainsi, par exemple, au Canada, a-t-il été montré dans la forêt boréale que « la composition des peuplements influence l'intensité dégagée pendant le feu. Les peuplements feuillus brûlent en effet avec des intensités plus faibles que les peuplements mixtes ou conifères[1] ». Climat et essences présentes sur un territoire fondent un écosystème qui

1. Christelle Hély, *Influence de la végétation et du climat dans le comportement des incendies en forêt boréale mixte canadienne*, Thèse de doctorat en science de l'environnement, UQAM, août 2000.

sera diversement sensible au risque incendie et dont l'intensité variera en regard des caractéristiques de la biomasse présente selon les conditions climatiques. Nous l'avons vu à l'été 2022, des températures de plus de 40 °C jumelées à une sécheresse préalable entretiennent le feu.

Les forêts de résineux ou de feuillus, quand elles sont sèches, brûlent de la même façon. Les évolutions du climat rendent toutes les forêts vulnérables face aux feux de forêts. À cet égard, et pour le dire de manière très simple, le déficit hydrique entraînant une surmortalité des arbres (estimée de 35 % par l'Inventaire forestier national) accroît la présence d'arbres morts, donc plus secs. Or, chacun a pu faire cette expérience dans sa cheminée : le bois sec brûle mieux, augmentant la sensibilité au feu de son environnement. La forêt soumise à un incendie ressemble *de facto* à votre cheminée où vous auriez mélangé du bois sec avec du bois encore humide, car fraîchement coupé par exemple… La chaleur, le vent feront le reste.

Outre ce phénomène lié à la mortalité croissante des arbres, c'est la continuité végétale entre le sol et le sommet des arbres (houppier) qui produit des feux de forêts particulièrement violents et difficiles à maîtriser. Comme l'air circule facilement au sein du feu, les températures au cœur du brasier atteignent des niveaux particulièrement élevés avec pour conséquences :

– la capacité à faire s'enflammer des végétaux ou des constructions simplement par l'intensité du rayonnement, voire la chaleur du sol, comme on l'a vu dans les landes, avec la propagation des feux de tourbes ;

– dans les forêts de résineux, l'énergie fournie est telle que des cônes de pins incandescents peuvent être projetés jusqu'à plusieurs centaines de mètres ! Ce qui provoque des « sauts » de feu mettant en danger les sapeurs-pompiers ;

– de rendre difficile l'attaque du feu par voie terrestre ;

– de créer une aérologie spécifique au niveau du feu et un

déplacement de celui-ci contraire au vent dominant ;

– de rendre particulièrement périlleuse l'intervention des moyens aériens pour combattre ou réduire fortement le feu par une perte de portance liée à la chaleur et des vents tourbillonnants.

Tout cela oblige de prendre en compte non seulement le risque initial d'incendie, mais aussi la question de son développement dans la gestion de la forêt.

Parmi d'autres sujets, la rupture de cette continuité végétale verticale entre le sol et la cime des arbres est un enjeu premier. Le débroussaillement et autres actions pour rompre cette continuité verticale apparaissent ici comme des gestes fondamentaux. Ils sont reconnus par la loi qui en a fait une obligation légale, des « travaux d'intérêt général de prévention des risques d'incendie », pour assurer non seulement la sécurité des voies de communication, mais aussi la protection des personnes et des biens. Il faut cependant globaliser la pensée autour de cet enjeu pour le replacer dans nos usages de la nature. Comme cela a été très bien analysé par la géographe Catherine Bouisset, l'urbanisation anarchique aggrave le facteur risque incendie, interrogeant de façon stratégique nos règles d'urbanisme en matière de prévention et de lutte contre les incendies de forêt[1]. Dès lors, à défaut d'envisager des zones forestières protégées comme l'on a inventé les zones agricoles protégées en 1999 pour préserver le foncier agricole d'un mitage urbain[2], il est légitime d'obliger chaque

1. Catherine Bouisset, « L'urbanisation anarchique, facteur aggravant des incendies dans les Landes », *The Conversation*, 11 août 2022.

2. La question de l'édification de telles zones se pose néanmoins à notre sens. À cet égard, le juge administratif a par exemple annulé en 1988 une disposition d'un Plan d'occupation des sols classant en zone NA une ancienne zone ND comportant des espaces boisés du massif des Maures au motif que la présence d'habitations porterait préjudice au maintien

propriétaire habitant à proximité ou dans un massif forestier à mettre en œuvre les obligations légales de débroussaillement (OLD), actuellement dans un rayon de 50 mètres autour des habitations. Au-delà de l'infraction à la loi, la non observation de cette obligation met les propriétaires, leurs familles et leurs voisins dans une situation de péril majeur. Enfin, la protection des personnes et des biens, notamment des maisons qui ne bénéficient pas de la protection passive du débroussaillement, conduit à y concentrer les moyens des sapeurs-pompiers qui prennent sur ce terrain de grands risques au détriment du combat pour arrêter la progression du feu en forêt.

La mise en œuvre de ces dispositions est confrontée à plusieurs problématiques :

– le morcellement de la propriété forestière privée, avec plus de 3,3 millions de propriétaires dont seulement 50 000 bénéficient d'un plan simple de gestion. Nécessité faisant loi, il est apparu indispensable, au regard de l'accroissement du risque feux de forêts d'imposer l'adoption des plans simples de gestion à des surfaces plus petites, la loi du 10 juillet 2023 permettant, avec l'abaissement à 20 hectares, d'augmenter la surface touchée par la logique de gestion durable de 500 000 hectares[1]. La question du renforcement

---

de l'unité paysagère des collines des Maures. Si le rôle de la perspective paysagère a sans doute joué un rôle dans le refus de constructions, la question de la sensibilité au risque incendie devrait pouvoir être retenue dans une telle région. Voir Tribunal administratif de Nice, 21 septembre 1988, Union des contribuables londais pour l'intérêt public, Association la Londe-environnement, *R.J.E.*, 1989, I, p. 81.

1. Jean Bacci, Anne-Catherine Loisier, Pascal Martin et Olivier Rietmann, Rapport précité, p. 85 s. Au regard des surfaces nationales visées selon la taille des propriétés, il est possible de penser cette obligation trop restreinte. Mais peut-être faut-il alors revisiter les

de la gestion des massifs forestiers avec le besoin de donner plus de facilités aux communes ou aux intercommunalités de prendre la responsabilité de la gestion des parcelles forestières de surfaces plus petites, voire celles en indivision ainsi que les biens vacants et sans maître, dans le cadre d'un groupement/association de gestion forestière. Une telle évolution ouvrirait l'accès aux compétences de l'ONF dans le cadre de la mise en œuvre du régime forestier.

Bien sûr, de nombreuses pistes d'évolution des politiques contre le feu peuvent être empruntées. Mais la société doit prendre conscience qu'il n'existe pas de solution sans contrôle et mise en œuvre qui n'impose des moyens humains. Or, de ce point de vue, comme sur d'autres domaines de la gestion forestière, la mise en œuvre de la politique publique et de la gestion de ce patrimoine d'intérêt général que sont nos forêts ne semble pas être à la hauteur des enjeux, largement critiquée, notamment par les parlementaires qui regrettent la faiblesse des moyens alloués tant au Centre national de propriété forestière qu'à l'Office national des forêts[1]. Concernant ce dernier établissement, les inspections internes de l'Administration semblent aussi pour le moins dubitatives lorsqu'elles

documents de gestion pour les rendre accessibles à de plus petites propriétés.

1. « Le montant alloué au Centre national de la propriété forestière (CNPF), qui conseille et dynamise la gestion de la forêt privée, c'est-à-dire les trois quarts de la superficie forestière, serait de 13,97 millions d'euros : cela limite sa capacité à préparer l'avenir et à apporter sur le terrain une aide aux forestiers privés qui s'interrogent, en particulier, sur les essences à replanter. » PLF 2021, Agriculture avis n° 139 (2020-2021) de Laurent Duplomb, Françoise Ferat, Jean-Claude Tissot, fait au nom de la commission des affaires économiques, déposé le 19 novembre 2020.

pointent une ampleur des missions peu compatible avec les moyens dédiés[1].

Sans doute les annonces ministérielles de novembre 2022 concernant des postes de DFCI à l'ONF, l'annonce en avril 2023 d'une mise en place d'une météo des forêts qui permet d'adapter préventivement les messages à l'égard du public et les moyens de prévention, comme l'application des conclusions des Assises de la forêt de mars 2022 sont-elles importantes. Elles marquent à tout le moins une prise de conscience bienvenue. Mais il est à craindre que les enjeux actuels et futurs de la forêt ne permettent pas de se contenter d'effectifs jugés insuffisants par tous les professionnels. Alors que l'objectif réaffirmé le 12 avril 2023 par le ministère de l'Intérieur – en charge de la définition de la lutte contre les incendies de forêts – est de traiter tout feu dans les 10 minutes de sa détection, il faudra opérer un virage à l'égard des politiques managériales et budgétaires menées depuis le début des années 2000. Le guet armé aérien, par exemple, prôné à juste titre par le ministère de l'Intérieur, nécessite des avions en nombre suffisant, et les personnels qui les mettent en œuvre. De même pour les patrouilles terrestres qui sont le cœur véritable du dispositif de prévention et d'intervention. Les besoins de la forêt imposeront le tempo ; il appartiendra

---

1. La lecture du rapport d'inspection sur le contrat d'objectif et de performance remis en 2019 apparaît mettre en cause les objectifs mêmes alloués à l'établissement dès le troisième paragraphe de sa synthèse introductive : « La multiplicité des objectifs, dont certains sont apparus comme contradictoires avant même sa signature, est compliquée par le caractère non assuré de certains engagements de l'État et des représentants des collectivités territoriales propriétaires de forêts. » Voir IGA, CGEDD, CGAAER, IGF, Évaluation du contrat d'objectifs et de performance (COP) 2016-2020 de l'Office national des forêts (ONF). Propositions de pistes d'évolution, juillet 2019.

à la société de répondre à leurs exigences, ce que reconnaît la mission d'information parlementaire de l'Assemblée nationale de mai 2023 que nous avons déjà citée lorsqu'elle énonce le besoin de « renforcer les services publics qui interviennent en et sur la forêt[1] ».

Nous avons vu que les feux de forêts sont un facteur déclenchant d'une prise de conscience sociétale et politique. Ils obligent une révision de notre approche du futur. En effet, au-delà des éléments nécessaires à la prévention des feux de forêts et à la lutte pour la réduction maximale de leurs impacts, il faut avoir conscience qu'après le feu, même si l'écosystème se régénère, seul le temps permettra de revenir à la situation *ante* incendie. Dans les faits, le feu passé, le territoire touché a subi un phénomène de régression. Pour comprendre ce qui se passe, nous pouvons réfléchir en termes simplifiés. Il s'agit de considérer qu'avant le feu la forêt a atteint une forme d'optimum dans son organisation et son fonctionnement en regard de son âge et de son milieu, comme si elle était sur la dernière marche d'un escalier. Quel est l'effet de l'incendie sur cet état forestier ? Après le feu la forêt redescend d'une marche selon l'intensité, la durée du feu et la capacité de résistance des essences touchées. Nous parlions de l'eucalyptus australien. Sa capacité de résister au feu qui passe lui permet de survivre. De même pour le pin maritime que l'écorce protège si le feu n'est pas d'intensité

1. Catherine Couturier et Sophie Panonacle, Rapport précité, p. 10. Des évolutions apparaissent. Parmi d'autres exemples, le jeudi 11 mai 2023, la préfète des Vosges annonçait, au-delà de la mise en place d'une météo quotidienne des forêts, un renforcement des moyens avec par exemple 9 nouveaux pompiers formés au ravitaillement des bombardiers d'eau et de produits retardant, le nouvel équipement en bâches pour constituer des réserves de 10 000 à 30 000 litres d'eau… Voir Maxime Pernet, « Bilans quotidiens, renforts humains », *Vosges Matin*, 11 mai 2023.

trop élevée. Les sols aussi ont une certaine résilience. La végétation forestière va donc se régénérer avec son propre potentiel et peut-être avec l'aide des forestiers. Par exemple, en septembre 2022, à la Teste-de-Buch, la reprise de fougères, de pousses nouvelles…, était déjà observée. L'étendue des dégâts conditionne les techniques à mettre en œuvre et la replantation n'est pas forcément nécessaire. Mais cela nécessite du temps. Si la forêt brûlée ne remonte pas la dernière marche de l'escalier avant qu'un feu ne la dévore à nouveau, elle descendra alors d'une nouvelle marche. Ainsi l'accumulation des feux sur un même espace peut-elle conduire à la disparition de la forêt qui ne pourra reconquérir ce territoire qu'après un temps parfois très long…

Aussi les techniques de prévention, de lutte et de régénération doivent-elles tenir compte des facteurs locaux que nous connaissons et pouvons projeter dans un avenir raisonnablement long. Replanter des essences non résistantes au feu dans une forêt que nous savons désormais très sensible au risque peut ainsi être soumis à débat. De même, les aménagements doivent être adaptés à ce que nous savons du futur. Il faut alors imaginer les arbitrages nécessaires entre des solutions qui portent des essences différentes, envisager une sylviculture fondée sur des peuplements mélangés susceptibles de mieux résister aux assauts de l'incendie. L'adaptation au changement climatique se joue en ces termes.

Adapter la forêt au changement climatique : une intervention humaine risquée

L'ancienneté de la forêt sur notre planète le montre de la façon la plus parfaite : la forêt s'est adaptée aux évolutions au cours des millénaires. Les migrations des arbres sont une réalité désormais observée, par exemple à travers la migration de leurs champignons symbiotiques, comme la truffe noire du Périgord. Mais l'évolution, bien que non linéaire, se faisait de manière progressive.

> Le monde de la forêt n'est pas immuable, enseigne le biologiste Francis Martin. Debout au centre de la clairière, vous avez le sentiment que la futaie qui vous encercle bruisse sous le vent depuis la nuit des temps. Eh bien non [...]. La forêt est en perpétuelle évolution ; elle naît, s'épanouit et disparaît. Elle est l'objet d'invisibles, mais inexorables changements[1].

Si des essences d'arbres étaient réparties de manières aléatoires dans les périodes interglaciaires sur le continent européen, les périodes de glaciation ont conduit des essences d'une même espèce végétale à se retrouver isolées en différents points du continent européen. N'ayant plus la possibilité de bénéficier du brassage génétique, des sous-espèces végétales de la même essence sont apparues et se sont développées en période glaciaire. C'est le cas, par exemple de plusieurs pins noirs : le pin noir d'Autriche, le pin noir de Salzmann, le pin laricio de Corse et le pin laricio de Calabre, qui partagent tous un ancêtre commun, mais ont été à un moment ou un autre isolés au cours de la dernière glaciation, évoluant dès lors de manière différente.

Chacun l'a bien compris depuis que le GIEC publie ses analyses, le problème posé par l'actuel réchauffement climatique réside dans sa vitesse et ses causes comme l'augmentation des taux de concentration de CO_2 dans l'atmosphère, dont nous avons appris depuis l'étude pionnière de Michel Becker

1. Francis Martin, *Sous la forêt, op. cit.*, 2022, p. 54-55.

en 1989 dans le massif des Vosges, le rôle aggravant dans les dépérissements, tout comme la pollution de l'air[1].

Avec cette évolution du climat et la longévité des arbres – certes variable d'une essence à l'autre –, l'adaptation sera particulièrement complexe. De multiples facteurs entrent en jeu. Ainsi, les recherches ont montré par exemple que les chênes de nos régions sont génétiquement purs à 70 % et que les 30 % restants sont des chênes hybrides entre les différentes espèces de cette essence. Au regard des contraintes sur les différents chênes présents sur notre territoire, l'hypothèse semble pouvoir être émise que leur adaptation peut s'opérer naturellement par une interaction des nouvelles conditions locales qui favoriseront le développement des caractéristiques génétiques permettant au chêne d'être adapté au nouveau climat. Ici encore, la science nous permet de progresser dans la compréhension des mécanismes d'adaptation, notamment à travers l'épigénétique, c'est-à-dire « l'étude des changements d'activité des gènes – donc des changements de caractères – qui sont transmis au fil des divisions cellulaires ou des générations sans faire appel à des mutations de l'ADN », selon la définition qu'en donne le chercheur Vincent Colot[2]. Cette question a notamment été étudiée sur des populations de peupliers par l'INRAE, qui démontre des réponses différentes à la sécheresse et donc au stress hydrique. Les chercheurs ont découvert que « les modifications épigénétiques induites par un stress environnemental ciblent davantage des gènes directement impliqués

1. Michel Becker, « The role of climate on present and past vitality of silver fir forests in the Vosges mountains of northeastern France », *Canadian journal of forest research*, septembre 1989. L'étude reposait sur l'analyse dendroécologique de 196 placettes dans le massif vosgien.
2. Cité par Florence Rosier, « L'épigénétique, l'hérédité au-delà de l'ADN », *Le Monde*, 13 avril 2012.

dans la réponse au stress. Ainsi la méthylation de l'ADN participe à la capacité de l'arbre à s'acclimater aux conditions de sécheresse[1] ».

La question posée est celle de la durée nécessaire aux arbres pour s'acclimater. L'étude de l'INRAE sur les peupliers a été faite dans un lapse de temps court : 3 semaines. Or, les modifications observées peuvent conduire à des mutations du génome qui pourraient se transmettre à la descendance. Comme le dit Francis Martin, l'ADN des arbres « garde l'empreinte de millions d'années de conflits avec le ciel et les autres habitants des bois[2] ». Il ne s'agit pas ici d'être « rassuriste » sur nos capacités à contrer les effets du réchauffement climatique – ce serait imprudent –, mais de prendre en compte ces nouvelles données pour envisager les sylvicultures d'adaptation au changement climatique. La question du choix des essences qu'il faudrait planter est ainsi posée. Si l'accélération de l'adaptation des forêts aux évolutions du climat nécessite le recours à la plantation de nouvelles essences forestières d'origine plus méditerranéenne, il apparaît préférable d'utiliser uniquement des essences forestières européennes, qui ont eu, comme cela a été montré précédemment pour les pins noirs, un ancêtre commun.

Pourquoi être réticent à la plantation d'arbres « exotiques » ? Pour parer un autre phénomène inquiétant. L'apport d'essences forestières exotiques est en effet souvent vecteur d'entrée d'un cortège parasitaire, qui peut avoir un impact substantiel soit sur nos essences végétales autochtones, soit sur l'équilibre de la balance instable de notre biodiversité. Nos arbres forestiers

---

1. « L'épigénétique, un nouveau levier pour améliorer la tolérance à la sécheresse des arbres », communiqué de presse, INRAE, 1er juillet 2021.
2. Francis Martin, *Les arbres aussi font la guerre*, Paris, HumenSciences/Nature, 2021, p. 16.

sont déjà contraints de combattre beaucoup de parasites; il n'est sans doute pas nécessaire de favoriser l'importation et l'acclimatation d'autres espèces qui viendraient affaiblir un peu plus les peuplements existants.

Enfin, le débat relatif aux méthodes sylvicoles surgit, avec les questions des plantations, du rôle de la régénération naturelle, etc. Nous disions plus haut cette régénération importante en milieu brûlé. Elle l'est tout autant pour la régénération adaptée au climat. Les migrations peuvent s'opérer sans notre intervention. Cela ne signifie pas que nous ne devons pas intervenir, aider et accélérer par la plantation, même.

3
Protéger contre les risques naturels et aménager le territoire

Pour engager le propos sur cette préoccupation majeure, qui s'amplifiera dans les prochaines années, il apparaît indispensable de relire ce qu'écrivait le jeune ingénieur des ponts Alexandre Surell en 1841 :

> Tous nos mesquins ouvrages ne sont que des défenses, ainsi que l'indique même leur nom ! Ce sont des masses passives opposées à des forces actives, des obstacles inertes et qui se détruisent opposées à des forces vives qui attaquent toujours et ne se détruisent jamais… Pourquoi donc l'homme en demanderait-il pas un secours à ces forces vivantes (les forêts) dont l'énergie et l'efficacité lui sont si clairement révélées ? Pourquoi donc l'homme ne leur demanderait-il pas de faire, de nouveau et par son ordre, ce qu'elles ont fait anciennement sur tant de torrents éteints et par l'ordre seul de la nature ?
>
> La nature en appelant les forêts sur les montagnes, plaçait le remède à côté du mal : elle combattait les forces actives des eaux par d'autres forces actives empruntées au règne de la vie.
>
> De la présence des forêts sur les montagnes dépend l'existence des cultures et la vie de la population. Ici le boisement est une œuvre de salut, une question d'être ou de n'être pas.

> Il est donc urgent de rappeler les forêts sur les montagnes, puisque ces pays n'existent que par elles[1].

Alexandre Surell intervenait à un moment particulier de notre histoire, où la pression sur la forêt française avait atteint un paroxysme dans la première moitié de XIXe siècle. D'une part, la forêt demeurait la principale ressource de matériaux et d'énergie ; d'autre part, l'accroissement de la population impliquait l'augmentation de la surface agricole, dont la forêt était désormais exclue pour l'élevage, avant que la révolution agraire ne se mette en marche. Les montagnes avaient subi cette surexploitation qui avait fini par réduire à peau de chagrin leur couverture boisée. Les phénomènes d'érosion des terrains s'étaient alors accumulés par le ruissellement des pluies ou les chutes de pierres que les forêts ne retenaient plus.

Le combat des défenseurs de l'enforestement des montagnes fut long. Il se heurtait au coût faramineux des dépenses imposées par le projet et à l'extrême timidité budgétaire en la matière. Ce n'est qu'après plusieurs catastrophes naturelles majeures entre 1850 et 1860, notamment dans les vallées alpines, que les recommandations de l'ingénieur Surell trouvent un écho avec la constitution du service de Restauration des terrains en montagne (RTM). Les catastrophes ont été d'une telle ampleur que l'Empereur Napoléon III s'est déplacé sur site et que le Royaume-Uni a aidé financièrement la France à faire face.

Au bilan, près de 400 000 hectares de forêts ont été plantés sur nos montagnes, préfiguration collective du travail d'Elzéard Bouffier, personnage de Jean Giono dans sa célèbre nouvelle : *L'homme qui plantait des arbres*, écrite en 1953. Pour

---

1. Alexandre Surell, *Étude sur les torrents des Hautes-Alpes*, Paris, Carilian-Goeury et V. Dalmont, 1841.

certaines d'entre elles, le rôle majeur de protection contre les risques naturels n'est plus identifié par nos concitoyens, notamment dans les zones de moyennes montagnes. Mais ces forêts assurent une protection des personnes et des biens dans de nombreuses vallées sans que notre société en ait pleinement conscience. À cet égard, les travaux réalisés dans le cadre d'un programme de recherche européen sur la totalité de l'arc alpin : « Rock the Alps », ont mis en évidence qu'au moins un arbre sur quatre devait être considéré comme un ouvrage de protection contre les risques naturels et notamment les chutes de blocs[1].

Or, à ce sujet, il peut exister une forme de conflit d'intérêts entre le rôle de protection de la forêt contre les risques naturels et la préservation de la biodiversité. En effet cette étude « Rock the Alps » a mis en évidence que les essences forestières dites invasives ont des capacités d'absorption ou de dispersion de l'énergie supérieures aux essences autochtones. Un choix complexe se pose donc au forestier : celui de la priorité accordée à l'acte de restauration.

Le travail opéré depuis le xixe siècle a permis d'avancer dans la connaissance des forêts de montagne. La compétence acquise par les forestiers français a ainsi pu être exportée dans toute l'Europe et notamment en Bulgarie où le nom de Félix Vogéli résonne encore pour avoir déployé un service RTM. Fait rare, son enseignement demeure actif dans ce pays comme en témoignent l'apprentissage de ses méthodes dans les écoles forestières et la transformation en musée de sa maison devant laquelle trône sa statue.

Lors du colloque pluridisciplinaire international forêt et montagne : évolution et aménagement de Chambéry du

1. La présentation du projet est accessible à l'adresse internet suivante : URL : <https://www.alpine-region.eu/projects/rock-alps>.

14 septembre 2012, une publication a rappelé l'importance de Félix Vogéli pour la reforestation des montagnes bulgares.

Les six années qu'il a passé dans le pays ont laissé un bilan impressionnant. Sa note finale fait ainsi notamment état de 1 200 hectares de zones torrentielles stabilisées dans la région de Kazanlak, sous son autorité directe et par son équipe, par des travaux de contrôle et de restauration. Divers autres travaux viennent grossir le bilan : un livre de théorie de restauration des torrents, une carte exhaustive des bassins versants où l'érosion est active, la première carte complète des précipitations en Bulgarie et de leur intensité a été établie, la formation de forestiers ou encore la création d'un Bureau national de stabilisation des torrents et de reboisement… Tout cela avec l'appui des populations locales, contrairement à la France où les résistances ont été nombreuses et parfois violentes relayées jusqu'au Parlement contre l'Administration[1].

Cet exemple est intéressant à plus d'un titre. D'abord, parce qu'il montre que l'école forestière française pouvait essaimer son savoir. Ensuite, parce qu'il montre la relativité de notre ignorance collective des enjeux forestiers alors que nous possédons la quatrième surface forestière européenne et qu'ils sont revenus au premier plan des problèmes à résoudre.

L'importance des forêts pour la réduction des risques naturels est un élément stratégique majeur. En effet, en montagne les évolutions du climat dégèlent le sol qui était gelé en permanence en altitude (permafrost), fragilisant sinon faisant disparaître le « ciment » que représentait cette glace. Dès lors, des blocs de rochers jusqu'alors fixés aux parois sont libérés et remis en mouvement par la gravité. Il en résulte des chutes de blocs vers les vallées. On comprendra aisément que

1. Nous remercions Hervé Némoz-Rajot pour nous avoir transmis la communication qu'il a faite à ce sujet lors de ce colloque.

cette reprise active de l'érosion démontre l'absolue nécessité d'apporter un soin particulier aux forêts de montagne contributrices de la stabilité des terrains, mais qui peuvent aussi retenir ce qui tombe des parois.

Au-delà de cette action contre l'érosion, la forêt détient un rôle éminemment stratégique pour la réduction des inondations dans les vallées, mais aussi en plaine. En effet, le réseau racinaire permet une meilleure infiltration des eaux de ruissellement dans le sol tout en assurant un rôle d'ancrage. Plusieurs rapports d'expertises des services d'inspection des ministères chargés de la forêt et des risques naturels démontrent ce phénomène et notamment celui relatif aux crues des 12, 13 et 14 novembre 1999 dans les départements de l'Aude, de l'Hérault, des Pyrénées-Orientales et du Tarn :

« La forêt a joué son rôle bénéfique habituel par :

– les feuilles qui interceptent la pluie, limitent son effet mécanique sur le sol et facilitent l'infiltration ;

– le tissu racinaire qui consolide le sol qui se comporte comme une éponge[1]. »

De même, les rapporteurs ajoutent, pour les forêts au caractère avéré de protection contre les risques naturels inscrites au titre de la Restauration des terrains de montagne (RTM) : « Les forêts de protection (séries "RTM") ont bien résisté, même dans la zone la plus arrosée. Quelques ravines ont été constatées sur de petites surfaces, sans commune mesure avec le ravinement généralisé des parcelles voisines hors couvert forestier… »

1. Claude Lefrou et al., *Les crues des 12, 13 et 14 novembre 1999 dans les départements de l'Aude, de l'Hérault, des Pyrénées-Orientales et du Tarn. Consolidé après la phase contradictoire*, Conseil général des Ponts et Chaussées/Inspection générale de l'environnement, 16 octobre 2000.

Pour les inondations de plaines, la rapidité avec laquelle la lame d'eau progresse met en danger les personnes placées sur leur chemin. En réponse à ces événements, la présence de rugosité dans les zones d'expansion des crues, comme des prairies ou des forêts, permet de ralentir l'écoulement de l'eau et par conséquent d'envisager une réponse adaptée pour la mise en sécurité des personnes et des biens en aval.

On sait depuis longtemps cette importance stratégique de la forêt pour stabiliser et assainir un sol. La montagne en est l'exemple le plus topique. Mais l'on s'est aussi servi d'elle, parfois en la construisant de toutes pièces, dans d'autres régions.

Revenons à cet égard sur cette expérience singulière du boisement de la Gironde et des landes de Gascogne. Celui-ci a été opéré sous la direction des ingénieurs des ponts, et non des forestiers, avec comme objectif de modifier la géographie d'une région inculte pour y créer une « importante richesse forestière », selon l'exposé des motifs de la loi du 19 juin 1857 relative à l'assainissement et à la mise en valeur des landes communales de la région qui dicte la vision planificatrice de l'État – en complément cependant de l'œuvre déjà commencée par quelques riches propriétaires fonciers. 635 000 hectares seront visés, dont 408 949 de forêts communales. Si d'autres essences peuvent prendre racine dans ces terrains acides, la réalité biologique impose le pin maritime, essence climacique, c'est-à-dire propre à cet espace de conquête des landes. Nicolas Brémontier, dont nous allons reparler pour son travail sur les dunes, défendait cette essence dès 1776 pour le développement économique qu'elle permettait de ces terrains à condition que l'on accepte d'attendre trente ans pour couper. Son successeur dans les landes, l'ingénieur Chambrelent, véritable maître d'œuvre pour l'État de ce considérable chantier qu'il débute pour sa part en 1837, défend en outre cette essence en mettant en avant ses effets d'« assainissement de l'atmosphère ». Dès lors, pour lui, les progrès sanitaires enregistrés par la région et ses populations s'expliquent par ces plantations qui fournissent par ailleurs à la fois le bois pour faire des maisons modernes et l'énergie dans ces demeures pour ainsi échapper à l'humidité générale. Comment mieux illustrer une réussite politique et sociale ?

Bien sûr, le risque incendie est dans toutes les têtes. Il suffit, en 1857, de rappeler les feux effrayants de 1755, 1803 ou 1822 pour prendre les mesures qui s'imposent. Pour ce milieu de XIXe siècle, la solution réside dans la sylviculture qui oblige l'entretien des forêts. Le 8 avril 1872, pour répondre au besoin de protection économique des propriétaires locaux, est constituée l'Union forestière, association qui forme une société d'assurances mutuelles contre le risque incendie des bois résineux et non résineux dans toute la France et l'Algérie. Dans les Landes, nous pouvons entrer dans l'ère de la culture monospécifique. Ainsi s'installe une nouvelle économie industrielle de la résine de pin – déjà présente au XVIIe siècle et que Louis Philippe avait voulu aussi développer par une ordonnance du 4 mai 1839 concernant les pins maritimes – pour alimenter les premières industries chimiques, pour obtenir de l'essence de térébenthine, premier diluant pour les peintures. La guerre de Sécession, outre-Atlantique, sera d'ailleurs un ferment de la richesse des propriétaires forestiers lancés dans cette activité que l'on ne nomme pas encore « bioéconomie », mais qui en a déjà tous les atours. Bien sûr, la production s'impose à la gestion forestière, conduisant Louis-Philippe, à ordonner en 1839 les coupes « dès qu'il y aura épuisement des sucs résineux ». Dans ces conditions, l'on comprend bien que la valorisation du matériau bois sera, elle, plus tardive. En 1892, 704 630 hectares sont boisés dans cette région entre Landes, Gironde et Lot-et-Garonne, dont 578 351 hectares de forêts des particuliers, ce qui va orienter l'économie de la région dont notre actualité est l'héritière directe.

Précédent la « colonisation » des landes de Gascogne – terme employé à l'époque –, le travail sur les dunes avait commencé, lui, dès le XVIIIe siècle. Il avait retenu les intelligences locales soucieuses soit de développer la résine comme Ruat dans la forêt usagère de la Teste-de-Buch – cette forêt existe avant la plantation des dunes –, soit d'arrêter l'ensablement comme le comte de Montausier ou encore l'abbé Desbiey et Charlevoix de Villers qui consacre son énergie à l'idée des ports d'Arcachon et de la Teste-de-Buch. Mais c'est l'ingénieur des Ponts et Chaussées Nicolas Brémontier, d'origine normande, qui reprendra les réflexions pour mener ce qui est au fond un projet politique de transformation d'un désert économique en zone florissante. Lui, va travailler dès 1787, traverser la période révolutionnaire dans les dunes en bénéficiant de l'appui des autorités qui donc y voient un projet à défendre pour obtenir finalement, le 2 juillet 1801, un arrêté relatif à la plantation en bois des dunes des côtes de la Gascogne en commençant par la Teste selon les plans de Brémontier. Le littoral fixé, le travail pourra ensuite être opéré plus avant dans les terres.

S'ils ont déjà montré leur utilité sur la géographie locale en évitant l'ensablement de certaines localités, les cordons dunaires auront une autre utilité dans l'avenir. Avec l'élévation du niveau moyen des mers et des océans, ils se révèlent aujourd'hui des ouvrages naturels susceptibles de réduire les effets des submersions marines. À cet égard, il faut relever le rôle fondamental de l'Office national des forêts. Cet établissement compte en son sein les plus grandes compétences en la matière du fait de la mission d'intérêt général de gestion des dunes qui lui est confié[1].

1. Cela pose une nouvelle fois la question des moyens alloués à cet établissement pour garantir la prise en charge de ses missions.

Au regard de l'ensemble de ces apports protecteurs, force est de constater la faiblesse de la reconnaissance et de la valorisation par notre société de la sécurisation par la réduction des impacts des risques naturels qu'exercent nos forêts. L'explication en est sans doute prosaïque. En effet, il est bien difficile d'estimer à la fois le nombre de vies humaines sauvées chaque année par ce rôle des forêts et ce que serait le coût tant pour les finances publiques et que pour nos primes d'assurance en leur absence[1].

La réalité impose de dire néanmoins que la forêt apporte bien d'autres aménités positives largement ignorées du grand public qui fondent l'intérêt de la reconnaissance de la forêt comme bien commun. Ainsi, les forestiers allemands de Rhénanie Palatinat ont-ils par exemple démontré qu'un hectare de forêt filtre chaque année 50 tonnes de poussières, stocke 338 tonnes de CO_2, produit 21 tonnes d'oxygène et filtre 1 000 m^3 d'eau potable.

Le lien direct entre le bon état de nos forêts et la santé humaine n'est plus discutable. La science contemporaine rejoint ainsi les écrits anciens qui attribuaient à la forêt une fonction salvatrice… À travers ce prisme, s'il faut bien évidemment ne pas perdre de vue les aspects écologiques, les actions que nous menons pour la bonne gestion et la pérennité de nos forêts apparaissent comme des échanges avec une nature en symbiose que porte aujourd'hui le concept de santé unique au cœur d'une nouvelle approche de la sauvegarde de la biodiversité et des milieux naturels.

1. Au-delà des drames humains des dix morts et huit disparus, qui est le bilan le plus dramatique, le coût de la reconstruction de la vallée de la Roya, dévastée, a été estimé à un milliard d'euros. C'est un an de financement public de la politique forestière.

4
Sauvegarder la biodiversité et les milieux naturels

Si la forêt est désormais bien identifiée dans l'esprit du grand public et des décideurs pour son rôle de puits de carbone, il n'en va pas forcément de même pour ses autres fonctions systémiques. Ainsi en est-il de son importance cruciale pour la biodiversité ou pour la régulation du régime des eaux, par exemple.

Biodiversité… N'allez pas chercher le mot dans la littérature forestière avant 1986. Il a été inventé cette année-là par Walter Rosen en contraction de *Biological Diversity* avant de s'imposer avec une rapidité stupéfiante jusque dans le langage des conférences internationales, comme la conférence des Nations unies sur l'environnement et le développement de Rio, en 1992 (Sommet de la Terre). Depuis, il est au cœur des discussions, en forêt comme ailleurs dès lors que nous parlons protection de l'environnement.

Que la protection de la forêt soit une condition primordiale de la protection de la biodiversité ne se discute plus. Et pour cause, selon la FAO, « les forêts de la planète procurent un habitat à environ 80 % des espèces d'amphibiens, 75 % des espèces d'oiseaux et 68 % des espèces de mammifères. De plus, environ 60 % des plantes vasculaires se trouvent dans les forêts tropicales[1]. » On comprend mieux pourquoi la prise en compte de la biodiversité dans la gestion forestière est devenue une obligation mondiale et que, le 6 octobre 2022, un nouveau rapport de la FAO insiste sur 11 actions à mettre en œuvre :

– arrêter la déforestation et inverser ce processus ;

– lutter contre les activités forestières illicites et non réglementées ;

– reconnaître les régimes fonciers forestiers des peuples autochtones et des communautés locales ;

– empêcher la conversion de forêts naturelles en plantations monospécifiques ;

– veiller à la gestion durable des espèces exploitées ;

– gérer et maîtriser les espèces envahissantes et surabondantes ;

– tirer parti de la dynamique mondiale en faveur de la restauration pour renforcer la préservation de la diversité biologique ;

– adopter une approche multisectorielle ;

– mettre à disposition des mesures d'incitation économique ;

– assouplir les instruments basés sur le marché ;

– investir dans les connaissances et le renforcement des capacités.

À cette occasion, Tiina Vähänen, directrice adjointe de la Division des forêts de la FAO, a mis la biodiversité au centre de la question forestière, expliquant : « La préservation de la biodiversité mondiale dépend entièrement des rapports que nous entretenons avec les forêts partout dans le monde et de l'utilisation que nous en faisons. »

L'enjeu est posé ; il mérite d'être circonscrit. À cet égard, la biodiversité peut se définir suivant trois niveaux :

---

1. URL : <https://www.fao.org/newsroom/detail/how-sustainable-forest-management-can-enhance-the-world-s-biodiversity/fr>.

– spécifique : ce qui concerne les espèces ;

– intraspécifique : ce qui concerne la génétique, la variabilité au sein d'une espèce, les gênes ;

– écologique : ce qui concerne les écosystèmes, les habitats dans lesquels vivent les espèces.

Une fois ces éléments installés dans le débat, interviennent en outre plusieurs types de menaces pour attenter à la biodiversité d'une manière générale et notamment en forêt :

– la fragmentation des territoires et l'absence de corridor par rapport aux infrastructures linéaires et l'urbanisation sous forme de mitage, sans compter les espaces artificialisés pour les énergies renouvelables ;

– l'artificialisation : pas seulement des sols, mais aussi des modes de gestions qui modifient le cycle complet d'évolution de la forêt. Ainsi, transformer une forêt naturellement diversifiée en monoculture doit être compris comme une artificialisation modificatrice, voire destructrice de biodiversité ;

– les espèces invasives, qu'elles soient végétales ou animales, notamment dans les départements ultramarins dont la biodiversité autochtone est marquée par la spécificité insulaire ;

– les déséquilibres sylvo-cynégétiques, c'est-à-dire la pullulation de gibiers fragilisant les populations d'arbres forestiers par leur présence en forêt. Les surpopulations de certaines espèces animales présentes dans nos forêts conduisent à des réductions drastiques de la biodiversité, voire à la disparition totale de certaines d'entre elles par la pression qu'elles subissent ;

– et bien entendu les évolutions rapides liées au changement climatique.

À partir de l'ensemble de ces données, nous pouvons rechercher les modalités qui permettraient une préservation optimale de la biodiversité forestière tout en continuant d'admettre les peuplements forestiers comme une ressource économique et sociale fondamentale. L'équation du développement durable réside dans cette balance qu'il est possible d'illustrer par le devenir d'une coupe rase prophylactique : que planter après une coupe rase d'épicéas attaqués par un ravageur ?

Les réponses à cette problématique résident bien évidemment dans les techniques forestières. Pourtant, celles-ci ont besoin d'être appuyées par une politique publique. Les textes législatifs comme réglementaires ont ici un rôle à jouer dans la préservation de la biodiversité. Il revient en effet aux autorités publiques de mettre en œuvre les accords internationaux ou européens relatifs à la biodiversité, tout comme de définir l'action interne que la France juge nécessaire pour protéger ses écosystèmes.

Le législateur est intervenu d'abord à travers la définition de la politique forestière contenue aux articles L.121-1 à L.121-6 du code forestier. La gestion durable comme la multifonctionnalité (c'est-à-dire la reconnaissance des fonctions économique, écologique et sociale de la forêt) permettent de contribuer « à l'équilibre biologique en prenant en considération les modifications et phénomènes climatiques ». Si les phénomènes climatiques ont fait une entrée récente dans cet énoncé, en revanche la question de l'équilibre biologique date, elle, des années 1960. Quand bien même elle n'a pas été définie par ses promoteurs, nous avions là l'expression des premiers pas d'une fonction de préservation de la biodiversité dont l'équilibre sylvo-cynégétique – c'est-à-dire la régulation des populations d'ongulés ou autres animaux susceptibles de réduire à néant la régénération et la croissance des arbres – fait partie intégrante. Dans cet esprit, les documents de politique forestière à l'échelle nationale ou locale visent à trouver un équilibre entre l'objectif de garantie de la diversité biologique des bois et forêts, leur productivité et leur capacité de régénération dans un objectif multifonctionnel. Nous voyons bien la difficulté de l'œuvre qui consiste à perpétuer cette fonction économique primordiale de la forêt en lui donnant les moyens de préserver son intégrité biologique systémique, mise en arrière des intérêts économiques[1].

Bien sûr, notre droit interne a fait évoluer les choses. Le meilleur exemple en est la Charte de l'environnement placée en avant de notre constitution qui dispose notamment « que l'avenir et l'existence même de l'humanité sont indissociables de son milieu naturel ; que l'environnement est le patrimoine commun des êtres humains [...] » et fait dans son article 2 un devoir pour chaque personne de « prendre part à la préservation et à l'amélioration de l'environnement ». Le corpus juridique interne a donc développé des instruments qu'il appartient au juge de mettre en œuvre lorsque l'État, les entreprises ou les individus contreviennent à la santé écologique de notre environnement.

Au droit interne, s'ajoutent bien entendu les traités internationaux générateurs d'obligations, ainsi que le droit communautaire contributeur majeur de l'accélération de l'édification d'un corpus juridique solide de soins portés à la préservation de l'environnement dans lequel l'encadrement des forêts s'inscrit évidemment.

Le cas topique de cette action communautaire est celui des sites Natura 2000 institués par l'Union européenne par la directive 92/43/CEE du Conseil, du 21 mai 1992, concernant la conservation des habitats naturels ainsi que de la faune et de la flore sauvages. Il s'agissait, pour les besoins d'une protection de la nature qui ne cessait de se dégrader, de construire un réseau de « zones spéciales de conservation » qui, dit le texte,

---

1. À cet égard, voir Georges Virassamy, « La biodiversité : entre protection et exploitation », *VertigO - la revue électronique en sciences de l'environnement*, vol. 17, n° 3, décembre 2017.

« doit assurer le maintien ou, le cas échéant, le rétablissement, dans un état de conservation favorable, des types d'habitats naturels et des habitats d'espèces concernés dans leur aire de répartition naturelle ». Trente ans après la directive créatrice, ce réseau Natura 2000 représente 13 % de la totalité du territoire hexagonal soit près de 7 millions d'hectares. La forêt y tient une place singulière puisque 19 % des 17 millions d'hectares de forêts du territoire de l'Hexagone sont classés en sites Natura 2000. À eux seuls, ces territoires forestiers représentent 40 % de la superficie du réseau Natura 2000. Cela démontre l'importance stratégique de nos forêts dans la préservation de la biodiversité. De plus, la présence d'arbres morts sur pied ou au sol est primordiale car ceux-ci regroupent 35 % de cette biodiversité forestière.

De cet angle, en sortant de la politique forestière pour se plonger dans la forêt elle-même, il est utile de regarder et comparer l'évolution des forêts récentes et celles dites anciennes, à savoir, pour les travaux d'analyse statistique de l'Inventaire forestier national, hébergé à l'IGN, les forêts présentes sur la cartographie du milieu du XIXe siècle. L'analyse est intéressante car elle pose les conséquences à la fois du temps et des actions de gestion des forêts. L'IGN soulève un point d'attention essentiel :

> Une erreur fréquente est d'assimiler la forêt ancienne à une « forêt mature » ou une « vieille forêt », termes qui se rapportent à l'âge des arbres ou des peuplements, ou à la diversité en espèces et au volume de bois mort. Si une forêt très mature est forcément ancienne, le contraire n'est pas toujours vrai, les forêts anciennes pouvant être exploitées de manière régulière et donc porter de jeunes arbres[1].

1. IGN, « Les forêts anciennes. État des lieux des forêts déjà présentes dans la première moitié du XIXe siècle », *L'IF*, n° 42, avril 2021, p. 4.

Il ressort des études que chaque type de forêt dispose de son propre écosystème, notamment lié à la qualité des sols, aux conditions qui ont présidé à leur émergence avec des sols moins attractifs pour les forêts anciennes, les forêts récentes étant largement nées de déprises agricoles, de plantations sylvicoles. Les essences comme la présence ou non de gros bois répondent à des pratiques de cultures spécifiques aux territoires étudiés. La Bretagne et la Lorraine, de ce point de vue, divergent. Une thèse récente sur les forêts de montagne apporte ainsi par exemple un éclairage contre-intuitif sur l'apport réel des forêts anciennes en matière de biodiversité. Pour son auteur, les résultats des expériences « indiquent une absence flagrante d'effet d'héritage dû aux usages passés, à la fois dans les sols et sur la biodiversité. Les espèces étaient avant tout influencées par la maturité des peuplements, notamment la diversité des bois morts pour les coléoptères saproxyliques et l'ouverture de la canopée pour la flore vasculaire[1] ». Évidemment, nous sommes là dans un cadre de recherche précis, dont il est malaisé de généraliser les conclusions. Mais celles-ci méritent d'être entendues pour ce qu'elles portent d'interrogation sur nos regards forestiers.

Ce détour comparatif est utile à l'approche de ce qui se passe en forêt pour comprendre l'état des lieux écologique. De très nombreuses espèces sont inféodées à la forêt soit parce que cet écosystème est indispensable à leur cycle de vie, soit parce que la forêt est devenue un refuge du fait de l'anthropisation trop importante de leur espace de vie initial. Le cerf

1. Philippe Jansenn, *Influences relatives de l'ancienneté et de la maturité sur la biodiversité : implications pour la conservation des forêts en montagne*, Thèse pour le doctorat spécialité Modèles, méthodes et algorithmes en biologie, santé et environnement, université de Grenoble Alpes/IRSTEA, soutenue le 16 décembre 2016. Résumé, p. 4 pour la citation.

élaphe peut être un exemple de cette faune réfugiée, présent dans de très nombreuses forêts alors qu'il est plus adapté à des espaces ouverts, et notamment les zones de steppes, du fait de ses bois d'une ampleur difficilement compatible avec un déplacement entre les arbres.

Il est peu dire que nos usages de la nature ont mis à mal « le tissu vivant de la planète[1] » nommé biodiversité que l'on peut estimer comporter entre 8 et 20 millions d'espèces tandis que nous en avons scientifiquement inventoriées seulement 2 millions. De ce paysage encore largement inconnu, nous savons la grande fragilité. Entre 1970 et 2015, nous avons ainsi assisté à une diminution de 58 % des populations de vertébrés sauvages. Les insectes, eux, diminuent à une vitesse folle, puisque 80 % d'entre eux auraient disparu en Europe depuis 1970, réduisant d'autant la source de nourriture de la chaîne alimentaire, avec des impacts que nous commençons seulement à découvrir. La sixième extinction de masse est à l'œuvre, partout.

Difficile, historiquement, d'exonérer les forestiers d'une part de responsabilité dans certains de ces déséquilibres mortifères. En forêt, les pratiques d'anthropisation ont conduit à plier les espaces et les forêts aux besoins des sociétés. Du bois de feu aux bois de marine ou de construction, les forestiers ont travaillé la nature pour la conformer aux demandes de leurs contemporains. Pourtant, force est de reconnaître la place de travail de conservation à côté de l'œuvre anthropique. Ne nommait-on pas une part de la hiérarchie des forestiers : « conservateurs des forêts » ? Impossible dès lors de méconnaître le soin conservateur qu'ils ont pu prendre de ces espaces, organisant tout autant les conditions de leur perpétuation par l'aménagement des équilibres indispensables pour ce faire

1. Bruno David, *À l'aube de la 6e extinction*, *op. cit.*, 2021, p. 20.

en réponse aux exigences de la société. Protéger finalement, peu important la finalité attribuée à l'espace protégé. Prenons l'exemple de la hêtraie à houx qui fait partie des milieux naturels protégés au titre de la directive Natura 2000. Pourquoi le houx a-t-il été conservé dans ces hêtraies ? Originellement parce que les feuilles de houx cuites dans l'eau forment un empois utilisé comme colle. Il s'agit désormais de préserver un biotope pour ce qu'il est devenu et non plus pour l'apport économique porteur de sa justification initiale. Prenons un autre exemple puisque nous parlons de la hêtraie : qui sait aujourd'hui que la futaie de Tronçais était originellement une hêtraie ? Sa piètre qualité, sa dégradation par les pratiques agricoles du XVIIe siècle en ont fait un terrain à reconstruire pour Colbert, qui a donc engagé la transformation environnementale de ce territoire pour y installer la grande futaie cathédrale de chênes que nous connaissons. Transformation radicale s'il en est. Mais qui voudrait aujourd'hui revenir à l'état antérieur, lorsque le hêtre était l'espèce naturellement adaptée au terrain ? Et que dire de la forêt de Senonches, dans le Perche, et de tant d'espaces boisés que nous pensons naturels, dénués d'une action forte des hommes. L'inscription de la futaie régulière de chêne à l'inventaire national du patrimoine culturel immatériel en 2022 clôt le débat. L'anthropisation de la forêt féconde un patrimoine protégé pour l'avenir.

Nous touchons ici toute la difficulté de définir un milieu naturel et son équilibre alors même que le concept de biodiversité jumelle l'idée de mouvement perpétuel des espèces. Une longue perspective historique peut changer le prisme que nous avons d'un territoire et de l'action des hommes à son endroit. Évidemment, les forestiers sont ici à la fois coupables de mutations forcées et gardiens de temps nouveaux d'une nature reconstruite qui apparaît, des générations plus tard, « naturelle » aux cultures et regards locaux.

Cette mutation du milieu naturel avec la forêt, notre pays l'a accélérée depuis plus d'un siècle et demi désormais. Depuis la seconde partie du XIXe siècle, l'accroissement des surfaces forestières peut être considéré comme l'un des moteurs de la préservation de la biodiversité tant il est vrai que les espaces forestiers sont une réserve considérable du vivant. Si, là encore, il est anachronique d'imaginer que la biodiversité intéressait ou était une perspective d'action avant la seconde partie du XXe siècle, il n'en demeure pas moins que, quelles que soit les motivations des autorités poussant à la replantation ou la laissant s'opérer par abandon de l'agriculture, les gains forestiers peuvent être considérés comme des gains en matière de biodiversité. De ce point de vue, le travail dans ces espaces doit être replacé dans une longue lignée de défense du territoire dont les forestiers ont eu non seulement la garde stratégique, mais aussi finalement biologique. Depuis l'édification de l'Administration des eaux et forêts au XIVe siècle, ils ont acquis une expérience incomparable sur la gestion de long terme et donc une approche précise et indispensable de la préservation de la biodiversité que constitue le milieu forestier.

Bien sûr, dans cette œuvre, l'installation du massif des landes de Gascogne prend une place prépondérante – le plus grand massif de l'Hexagone avec 1,2 million d'hectares – sur les Landes pauvres de cette Région comme une transformation d'un pays qui a fait, selon les termes de l'époque, l'objet d'une réelle « colonisation », transformation de son économie et de son mode de vie. Cette transformation répondait à une doctrine à la fois politique, économique et sanitaire du moment. Mais elle répondait aussi à une vision dynamique d'un espace à « civiliser ». Par la forêt, ici ; comme un retournement de l'histoire qui voyait la civilisation se construire contre la forêt. Ne nous trompons pas ; en réalité, nous étions là dans un continuum tant l'approche politique de la forêt répondait depuis des siècles à des considérations économiques. Il fallait faire fructifier un espace territorial planté d'arbres, en permettre une récolte soutenable, comme l'avait posé l'ordonnance de Brunoy en 1346, pour des besoins de ressources budgétaires durables. L'environnement naturel prend une autre dimension philosophique et technique avec les Lumières et le xviiie siècle. La science forestière prendra son essor, permettra d'envisager le moment optimum d'une coupe, la façon dont s'édifient les aménagements, etc.

Bien évidemment, nous rencontrons des mouvements et discours résolument protecteurs de la nature dès le XIXe siècle. Les choses se sont accélérées récemment avec la prise de conscience des conséquences désastreuses de nos usages de la nature et la remise en cause des orientations de la seconde moitié du xxe siècle. Pour l'agriculture, par exemple, Edgar Pisani, ministre des grandes réformes des années 1960 et de l'orientation vers l'agriculture intensive, a pu se retourner sur cette période en estimant que sans doute des choix discutables avaient été faits[1]. Peut-être aurait-il dit la même chose de l'enrésinement forestier post-Seconde Guerre mondiale. Mais là encore, cela répondait à des impératifs sur lesquels il est facile de donner des leçons avec le recul.

En réalité, la forêt est saisie par le besoin écologique en même temps que la nature dans le courant des années 1960 avec l'émergence d'une philosophie sans doute plus pertinente pour éveiller les consciences. Rachel Carson, aux États-Unis, avec son *Printemps silencieux*[2], a frappé fort contre les méthodes intensives chimiques agricoles. En France, René Dumont, professeur de la chaire d'agriculture comparée à l'Institut

1. Voir Edgard Pisani, *Un vieil homme et la terre*, Paris, Seuil, 2004.
2. Rachel Carson, *Printemps silencieux*, Marseille, Wild Project, 2009 [1962].

national agronomique, dont on oublie un peu trop qu'il fut intéressé par le modèle américain au sortir de la guerre, avait fait sa mue en étudiant les pays en voie de développement… Toute cette pensée finit par irriguer le champ forestier[1]. Avec les évolutions du climat, la question de la bonne gestion de la biodiversité notamment pour les sites classés au titre de Natura 2000 ou d'autres dispositifs de préservation de la biodiversité comme l'édification de trames vertes se pose désormais avec acuité. C'est d'ailleurs un objectif politique traduit dans notre droit depuis la loi du 10 juillet 1976 relative à la protection de la nature dont l'article 1er dispose :

> La protection des espaces naturels et des paysages, la préservation des espèces animales et végétales, le maintien des équilibres biologiques auxquels ils participent et la protection des ressources naturelles contre toutes les causes de dégradation qui les menacent sont d'intérêt général.
> Il est du devoir de chacun de veiller à la sauvegarde du patrimoine naturel dans lequel il vit. Les activités publiques ou privées d'aménagement, d'équipement et de production doivent se conformer aux mêmes exigences.

Bien sûr, le texte ne peut entériner l'absolue primauté de la nature. Aussi le législateur a-t-il ajouté que « la réalisation de ces objectifs doit également assurer l'équilibre harmonieux de la population résidant dans les milieux urbains et ruraux ». Cet énoncé pionnier a ouvert la voie à une législation abondante dont la Charte de l'environnement précédemment

1. À titre d'exemple pour une perspective internationale, voir Jean Eglin et Hervé Théry, *Le pillage de l'Amazonie*, Paris, Maspéro, 1982. Avec une présentation de René Dumont. Un chiffre disait le drame en cours : le taux annuel moyen de déforestation dans les régions tropicales a atteint, entre 1981 et 1990, 15,4 millions d'hectares contre 11,3 millions d'hectares la décennie précédente.

évoquée est un point d'orgue. Les résultats de ce corpus juridique technique construit depuis bientôt cinquante ans peuvent être discutés tant les milieux naturels se sont dégradés. Néanmoins, c'est en les suivant que les forestiers gèrent l'espace forestier.

Le fait est que la donnée climatique accentue dorénavant cette difficulté d'assurer la sauvegarde des forêts. Même si le gestionnaire forestier respecte scrupuleusement les consignes de gestion légales et réglementaires pour préserver telles ou telles espèces, l'élévation de la température moyenne et la multiplication des phénomènes extrêmes, les périodes de fortes sécheresses à répétition peuvent provoquer la disparition de l'espèce, de l'essence ou l'habitat visé par la protection. Les milieux humides en sont un exemple typique.

Biodiversité et forêts apparaissent dès lors à la fois comme victimes du changement climatique et comme solutions pour l'avenir de nos sociétés :

– victimes d'abord avec la disparition des espèces et des essences, les dépérissements, la déstabilisation des écosystèmes notamment frappés par les tempêtes et les sécheresses, par des parasites plus voraces… ;

– solutions ensuite à travers le réservoir génétique qu'elles représentent, le maintien de la fertilité des sols, source de matériau renouvelable, puits de carbone (bois et sols forestiers), source d'énergie renouvelable… Sur ce point, tous les spécialistes s'accordent à dire que la diversité protégée encourage le dynamisme des forêts. Mais au fond, nous le savons déjà à travers les risques que fait porter une agriculture intensive qui a négligé sa diversité au point de fragiliser parfois les capacités de production confrontées par exemple à des épizooties.

Il va donc falloir définir à la fois ce que nous nommons des « itinéraires techniques » pour aider à la migration de ces espèces et/ou les milieux protégés et des dispositifs politiques pour ne pas sanctionner indûment les gestionnaires des sites qui vont nécessairement disparaître à cause de l'évolution climatique.

Cette biodiversité aidera aussi nos forêts à s'adapter au changement climatique. Et là, nous entrons dans l'un des débats fondamentaux du choix sylvicole pour l'avenir. Certaines espèces végétales et essences forestières ont des gènes communs avec des espèces ou des essences forestières plus méridionales ou mieux adaptées aux épisodes de sécheresse et de canicule. Il n'est pas impossible, comme l'affirme, lors du XXe congrès de l'Union européenne des forestiers, Alexis Ducousso, chercheur en génétique forestière à l'INRAE de Cestas, que ces espèces et ces essences se mettent à développer leurs propres caractères spécifiques de résistance aux sécheresses et aux canicules au moment de leur reproduction. Nous savons l'importance de cet apprentissage du vivant dans son milieu en permanente évolution. Tel est le syndrome de la Reine rouge dans *Alice aux pays des Merveilles* : il faut courir vite pour rester sur place ! Ce principe a été énoncé par le biologiste américain Leigh Van Valen et peut se résumer ainsi : « L'évolution permanente d'une espèce est nécessaire pour maintenir son aptitude face aux évolutions des espèces avec lesquelles elle co-évolue[1] ».

En réalité, émerge une nouvelle vision systémique du vivant que nous avions oubliée en découplant l'avenir de l'Homme de celui de la nature. Cela nous permet d'investir le concept de santé unique, le jumelage de la question de la bonne santé de la Forêt avec la question d'une réflexion très anthropocentrée sur notre propre santé[2].

1. XXe congrès de l'Union Européenne des Forestiers, Chartres, 30 septembre 2021, URL : <https://european-foresters.eu/>.
2. Voir Daniel Perron et Geneviève Rey, *Repenser nos usages de la nature : une perspective forestière*, Fondation Jean-Jaurès, 6 mai 2020.

Historiquement lieu de tous les fantasmes, d'habitants féériques ou diaboliques, la forêt est aussi le milieu qu'il fallait à l'humanité transformer et faire reculer pour implanter l'agriculture. Les historiens ont montré combien cette double perception est sans doute au cœur de notre acquis culturel. Et nous redécouvrons douloureusement aujourd'hui que nous ne faisons qu'un avec ce milieu particulier, rançon des infortunes d'une humanité prométhéenne volontairement ignorante de ce qui l'entoure. Nous redécouvrons alors que l'apport d'une forêt en bonne santé est un élément majeur de l'équilibre entre tous les membres de notre société. Est-il alors si étonnant de revoir fleurir les cabanes dans les arbres, se développer la sylvothérapie, les bains de forêts, etc. ?[1] Au fond, ces activités de pleine nature qui pourraient ramener notre Occident à la pensée des arbres sacrés de l'antiquité préchrétienne sont autant de marqueurs démonstratifs d'une nouvelle recherche d'attachement, de ces liens très étroits qui nous relient à la forêt.

Il est évidemment possible de moquer cette tendance à sacraliser de la matière ligneuse. Revival new âge ou druidique peu en rapport avec la dure sécheresse de la connaissance scientifique, dérives potentiellement sectaires, prosélytisme activiste contre le progrès, utopies poétiques… Du point de vue du technicien forestier, le scepticisme se justifie. « Nos chênes ne rendent plus d'oracles, et nous ne leur demandons plus le gui sacré ; il faut remplacer ce culte par l'attention ; et quelque avantage qu'on ait autrefois trouvé dans le respect qu'on avait pour les forêts, on doit attendre encore plus de

1. Sur cette question, voir Quing Li, « Effets des forêts et des bains de forêt (shinrin-yoku) sur la santé humaine : une revue de la littérature », *R.F.F.*, Forêt et Santé publique, mars-août 2018, p. 273. Nous renvoyons à l'ensemble de ce numéro spécial de la revue forestière française pour ce qui est des questionnements sur l'état des recherches sur l'impact des forêts sur la santé publique.

succès de la vigilance et de l'économie », exposait l'Encyclopédie de Diderot et d'Alembert au mot « forêt ».

Si les arbres communiquent entre eux à coups de phéromones, il n'est pas certain que les enlacer leur procurera un quelconque bénéfice. La relation est ici sans doute à sens unique vers la psyché humaine bénéficiaire par ce câlin arboricole de la production de l'ocytocine réputée jouer un rôle majeur dans la convivialité[1].

Pourtant, ce rapprochement peut aussi être compris comme une forme de reconnaissance sociale des forêts. Il est intéressant de noter sur ce point l'intervention du législateur de 1976 pour permettre le classement « comme forêts de protection pour cause d'utilité publique [des] bois ou forêts, quels que soient leurs propriétaires, situés à la périphérie des grandes agglomérations ainsi que dans des zones où leur maintien s'impose, soit pour des raisons écologiques, soit pour le bien-être de la population[2] ». Nous sommes à cet égard dans la continuité d'une réflexion désormais presque bi-séculaire, commencée au milieu du XIXe siècle dans la forêt de Fontainebleau que les peintres de Barbizon appuyés par George Sand voulaient préserver pour garantir le paysage[3] avant que le tournant du siècle mette l'accent sur la forêt loisir dans le souci de garantir aux urbains un lieu de villégiature dominicale en lien avec l'édification du droit au repos hebdomadaire fixé le dimanche. La forêt périurbaine gagnait son droit à protection qui ne cesse, depuis, de grandir au nom du bien-être humain.

1. Sur l'ocytocine et le bien-être, voir Joël de Rosnay, *La Symphonie du vivant. Comment l'épigénétique va changer votre vie*, Paris, Les Liens qui libèrent, 2019.
2. Loi n° 76-629 du 10 juillet 1976 relative à la protection de la nature, art. 28, *J.O.* 13 juillet 1976, p. 4203.
3. Sur ce sujet spécifique de la forêt de Fontainebleau, voir Patrick Scheyder, *Des arbres à défendre ! George Sand et Théodore Rousseau en lutte pour la forêt de Fontainebleau (1830-1880)*, Paris, Le Pommier, 2022.

Reconnaissance, peut-être aussi, d'un invisible impensé. Le biologiste David G. Haskell, auteur d'une remarquable plongée d'un an dans une placette forestière d'1 m^2, écrit à ce propos : « Il peut être utile et opportun de décrire la nature comme un diagramme de flux ou un animal comme une machine, une telle utilité ne doit pourtant pas être prise pour la confirmation que nos hypothèses réductrices renferment toute la réalité du monde[1]. » Cette part de l'inconnue, du fantasme forcément, de la croyance religieuse parfois écho de l'animisme hérité de cultures désormais étrangères à notre raison occidentale fait aussi partie du nouveau contrat naturel que nous devons passer avec notre environnement. « Changer de direction et laisser le cap imposé par la philosophie de Descartes[2] », écrivait Michel Serres. Il faut faire avec pour compléter les voies de la recherche, fermer ou ouvrir des pistes de compréhension de la biologie des milieux, et mieux appréhender l'action éducative nécessaire sur les mécanismes forestiers.

Revenons aux utilités, aux froids calculs de la bioéconomie devenue part intégrante dans notre modernité contemporaine de l'intérêt politique porté aux forêts par la machinerie économique. à cet endroit de notre rationalité, prenons le seul prisme de la pharmacopée pour nous en convaincre. La forêt représente un énorme continent de biodiversité, dont le territoire est encore largement inconnu. Un exemple : le saule marsault (*salix caprea*) contient de la salicyline, très proche de l'aspirine et qui possède la même propriété de calmer les douleurs. Combien de molécules restent à découvrir dans les forêts reculées du monde que nous continuons de détruire pour un

1. David G. Haskell, *Un an dans la vie d'une forêt*, Paris, Flammarion, p. 322.
2. Michel Serres, *Le contrat naturel*, Paris, François Bourin, 1990, p. 61.

modèle de développement dont nous savons qu'il nous détruira avec la forêt s'il continue ? Et toutes les voies méritent l'exploration scientifique. Ainsi l'étude du comportement préventif et prophylactique des animaux peuplant les grandes forêts tropicales, comme les grands singes, peut-elle être un instrument de progrès de la connaissance à travers ce que l'on nomme la zoopharmacognosie[1]. La France, avec son emprise dans l'espace amazonien a évidemment un rôle à jouer sur cette question. 8 millions d'hectares de forêt primaire, 1 712 espèces d'arbres dans la seule forêt guyanaise véritable hotspot de la biodiversité qui attise les convoitises délinquantes[2] et dont la recherche biologique doit tirer profit. Par exemple, le Conseil interministériel de l'outre-mer, du 6 novembre 2009, a adopté l'idée que la France doit « valoriser la biodiversité ultramarine, et plus particulièrement les plantes à parfum, aromatiques et médicinales ». Cela signifie notamment l'inscription des listes de plantes dans la pharmacopée française.

Une forêt gérée durablement et en bonne santé nous protège. Sous les canopées, résident par exemple de nombreux nouveaux virus émergents qu'il est préférable de ne pas voir prospérer[3]. Nous connaissons la maladie de Lyme, transmise

1. C'est une partie du travail mené par la primatologue et vétérinaire Sabrina Krief auprès de la population des chimpanzés de la forêt de Sebitoli. Voir Sabrina Krief, *Chimpanzés, mes frères de la forêt*, Arles, Actes Sud, 2019.

2. Voir Office central de lutte contre les atteintes à l'environnement et à la santé publique (OCLAESP), *État de la menace liée à la criminalité environnementale 2022*, Rapport, Paris, ministère de l'Intérieur et des Outre-Mer, 2022, p. 95. À titre de comparaison, rappelons qu'il est recensé dans l'Hexagone seulement 136 espèces d'arbres…

3. Selon l'OMS, au moins 75 % des agents pathogènes des maladies infectieuses humaines émergentes sont d'origine animale. Sans parler de l'exotique et très meurtrier Ebola, dans nos contrées les forestiers

par les piqûres de tiques aux professionnels, mais aussi aux promeneurs ; maladie qui se repère par des rougeurs, un état de fatigue des douleurs articulaires, mais que l'on sait traiter à un stade précoce par des antibiotiques. Mais des virus bien plus dangereux émergent des forêts tant à raison de la modification de l'agent infectieux que des usages que nous faisons des forêts. Les forêts tropicales équatoriales sont de ce point de vue de véritables « hots-spots » d'agents infectieux émergents illustrés notamment par le virus Nipah, par le genre Plasmodium ou encore le système infectieux à virus de l'immuno-déficience simienne/humaine[1].

Égoïstement, l'humanité a donc intérêt à protéger la forêt et à la respecter pour son propre bien-être sanitaire aujourd'hui et demain. Cela nécessite donc la mise en œuvre d'un certain nombre d'actions et des moyens humains et financiers cohérents avec les enjeux pour notre société. Les actions à privilégier en priorité sont :

– renforcer le suivi scientifique du bon fonctionnement de tous les éléments qui constituent l'écosystème forestier en s'appuyant sur des réseaux déjà existants comme le Département santé des forêts ;

– renforcer les études économiques sur la valorisation de la biodiversité ;

– développer la recherche sur les fonctionnalités de la biodiversité encore trop méconnues ;

---

sont régulièrement confrontés à la maladie de Lyme, issue des morsures de tiques. Sur la maladie de Lyme, voir Timothée Klopfenstein et al., « Épidémiologie de la borréliose de Lyme en France : entre incertitudes et certitudes », *RFF*, mars-août 2018, p. 157 ; François Cosson, « Épidémiologie de la maladie de Lyme », *RFF*, mars-août 2018, p. 185.

1. Voir Jean-François Guégan et al., « Forêts tropicales, changement d'usage des sols et risques infectieux émergents », *RFF*, mars-août 2018, p. 209.

– renforcer les échanges permanents au sein du réseau RMT AFORCE ;

– donner des moyens humains et financiers à la hauteur des enjeux sur les espaces à gestion spécifique (réserves et contrats Natura 2000) ;

– concevoir pour un patrimoine forestier défini un statut de protection d'espace, c'est-à-dire de considérer l'espace forestier comme un point fixe de l'aménagement du territoire ;

– mettre en œuvre et appliquer strictement le principe de non régression environnementale. On pense notamment ici aux forêts de protection, dont l'Administration remet régulièrement en cause le caractère spécifique en autorisant par décret des activités contradictoires avec la nécessaire protection de leur avenir.

Mais un autre sujet mérite que l'on s'y attarde, sujet conflictuel s'il en est dans notre société, cependant intimement lié par son histoire aux politiques de la forêt : la chasse. Le bon état de la biodiversité de l'écosystème forestier tient en effet aussi à l'équilibre agro-sylvo-cynégétique qui, aux termes du code de l'environnement, « consiste à rendre compatibles, d'une part, la présence durable d'une faune sauvage riche et variée et, d'autre part, la pérennité et la rentabilité économique des activités agricoles et sylvicoles » (art. L425-4 C. env.). Autrement dit, pour la forêt, l'équilibre sylvo-cynégétique se définit à travers les objectifs notamment économique et social assignés à l'espace forestier visé[1]. Une telle définition s'écarte des seuls critères biologiques.

Sous cet angle, le recours à une vue d'ensemble des effets des surpopulations de faune sauvage s'impose dans ce qu'il est

1. Bien évidemment, la présence d'une faune trop abondante en forêt peut aussi avoir des répercussions sur les cultures agricoles adjacentes, occasionnant des pertes.

possible d'envisager comme une « nature projet », c'est-à-dire la fondation d'un écosystème jumelant à la fois nature et culture dans la recherche d'un équilibre reposant sur la responsabilité de l'humanité dans la transformation du milieu dans lequel elle vit. L'équilibre est dès lors bien une définition anthropique, tant il est vrai que sans nous, la nature vit des états d'équilibre en constante évolution[1]. Au fond, la notion d'équilibre biologique n'a de sens qu'à travers nos perceptions, nos impératifs. Cet état de fait est évidemment essentiel pour toutes les forêts mondiales. Nous savons aujourd'hui non seulement le rôle humain, mais aussi celui de la faune sauvage dans le développement de l'écosystème symbiotique forestier, que la disparition de certaines espèces pourrait bien dégrader jusqu'à le mettre en danger dans son existence actuelle. L'éléphant en est un exemple en Afrique, qui contribue à la dispersion des semences forestières, etc. Les prédateurs de grands ongulés en sont un autre, qui permettent la régulation de populations de grands gibiers très destructrices des forêts sous nos latitudes en l'absence d'une substitution suffisante par la chasse[2].

Focalisons notre analyse sur la forêt française. Une attention particulière est portée sur ce sujet par les pouvoir publics depuis longtemps désormais. Historiquement, même, la conservation de la chasse a été l'un des plus anciens mobiles

1. Nous empruntons pour l'adapter la notion de Nature projet à François Ost, voir François Ost, *La nature, hors la loi*, Paris, La Découverte, 1995, p. 239.
2. Sur ce point, la section Auvergne-Rhone-Alpes de l'ONG France Nature environnement se félicitait, par un communiqué de presse du 26 avril 2023, du rôle complémentaire du loup dans la Drôme pour réguler la population de grand gibier destructrice des cultures et des forêts que les chasseurs ne parvenaient pas à réguler. URL : <https://www.fne-aura.org/communiques/region/drome-les-agriculteurs-et-les-forestiers-en-revaient-les-loups-lont-fait/>.

de l'attention portée par l'ancien régime à la conservation des forêts, jouant ainsi un rôle central dès les commencements de la monarchie dans la définition de la forêt[1]. Le lien est très fort, et l'est devenu symboliquement d'autant plus avec l'abolition des privilèges lors de la nuit du 4 août 1789, qui libéra le droit de chasser, en faisant un acquis populaire encore aujourd'hui rappelé dans la geste des organisations représentatives des chasseurs.

Acquis symbolique d'une part, utilité réelle de l'autre, la chasse est aujourd'hui placée au cœur du dispositif mis en œuvre pour la gestion des milieux naturels. Elle en est un instrument majeur, tout à la fois indispensable et contesté, soulevant de vifs débats qu'il faut apaiser lorsque l'on aborde la forêt. Rappelons d'abord que la chasse est désignée par le législateur comme « activité à caractère environnemental, culturel, social et économique » participant de la « gestion durable du patrimoine faunique et de ses habitats » dont le même Législateur a fait un objectif « d'intérêt général » (art. L420-1 c. env.). L'identification de la chasse dans ce rôle régulateur est ancienne. Sans remonter à la Saint-Barthélémy du Gibier issue de la nuit du 4 août 1789, nous savons le rôle de la pression de chasse sur les populations des espèces chassables et de celles qui leur sont liées. Il a fallu agir. C'est par exemple en 1963 que sont mis en place les plans de chasse, qui visaient originellement à favoriser le maintien des populations de grands gibiers, comme les grands ongulés. Si l'objectif était la reconstitution d'un stock de grand gibier, alors il a été atteint au-delà des espérances de ses promoteurs. Aujourd'hui, la pression de la faune sur la forêt apparaît problématique pour deux raisons. D'une part par la pression qu'elle opère sur la régénération, d'autre part par le risque sanitaire que fait peser

1. Voir Daniel Perron, *La forêt française*, *op. cit.*, 2021, p. 11.

une surpopulation largement due à l'absence des prédateurs naturels des grands ongulés ou des chevreuils ainsi qu'à la non-réalisation des plans de chasse par les chasseurs qui n'opèrent en réalité plus la régulation nécessaire.

Ici se pose le problème de l'incapacité des humains à se substituer aux régulations naturelles que leur emprise croissante sur l'espace forestier a empêché. À titre d'exemple au début des années 2000 un observatoire des dégâts de gibier avait été mis en place, par le ministère chargé de la forêt, à titre expérimental, dans les départements de la Côte d'Or, des Landes, de l'Oise et des Vosges. Le résultat pour le département des Vosges était édifiant : la pression des grands ongulés était telle qu'un arbre n'avait que 10 % de chance d'arriver à l'âge adulte… En conclusion, il était devenu impossible de régénérer les forêts sans la mise en place de clôtures pour protéger les jeunes arbres.

Dénoncé par les professionnels, le sujet a fait l'objet de travaux récents de la part des pouvoirs publics ; tant au Parlement[1] qu'au gouvernement[2] qui en a fait un point d'action identifié notamment à travers le Plan national forêt bois ou encore lors

1. Voir Joël Cardoux et Alain Péréa, *Restaurer l'équilibre agro-sylvocynégétique pour une pleine maîtrise des populations de grand gibier et de leurs dégâts à l'échelle nationale*, Mission parlementaire relative à la régulation des populations de grand gibier et à la réduction de leurs dégâts, Sénat/Assemblée nationale, mars 2019. On trouvera aussi un développement sur l'équilibre forêt gibier dans le rapport de la députée Anne-Laure Cattelot, *La forêt et la filière bois à la croisée des chemins : l'arbre des possibles*, Assemblée nationale, juillet 2020.
2. Voir Geneviève Rey, Thierry de Ruyter, et Frédérique Fontaine, *Sécurité sanitaire et faune sauvage. Enjeux et perspectives*, note de synthèse, CGAAER, juin 2020 ; Pierre Rathouis et al., *Mission sur les dégâts de grand gibier*, CGAAER, CGEDD, janvier 2012 ; Dominique Stevens et Michel Reffay, *L'Engrillagement en Sologne*, Synthèse des effets et proposition, CGEDD/CGAAER, août 2019.

de la conclusion des Assises de la forêt qui avance par exemple, en mars 2022, l'installation d'un comité technique national de l'équilibre forêt gibier auprès du ministère chargé de l'environnement en lien avec le ministère de l'Agriculture, annonçant par là même la constitution d'un « baromètre national de l'équilibre forêt-gibier » avant la fin de l'année 2022.

De ce point de vue, la chasse recèle tous les atours d'une solution technique muée en problème politique par les pratiques qu'elle met en œuvre dans une société où la sensibilité à l'égard de l'animal et du sauvage prend une place sans cesse plus importante dans la gestion d'un espace forestier qu'il faut partager dans des conditions de sérénité et de sécurité acceptables. Oui, il faut chasser pour permettre à la forêt de se régénérer dans de bonnes conditions face à la pression du gibier. Mais les pouvoirs publics comme les chasseurs eux-mêmes ne pourront plus longtemps faire l'économie d'une réflexion sur les modes de chasse ainsi que les temps de chasse. Déjà, le juge administratif limite les pratiques dites traditionnelles en s'appuyant sur un droit de l'environnement européen établi et constant. Mais faut-il donc que le politique continue de jouer perdant face au juge au nom d'une certaine pusillanimité à dire les choses clairement au monde de la chasse ? Donner au juge la décision alors que nous connaissons l'état du droit relève d'une stratégie politique discutable sinon cynique, comme on a pu le voir en 2021 avec les multiples contentieux autour des chasses traditionnelles auxquelles le Conseil d'État a mis un terme[1]. Il faut assumer une position médiane. Si nous ne chassions plus, il faudrait engager des chasseurs professionnels pour réguler les populations qui doivent l'être à défaut de prédateurs naturels. Est-ce une voie sérieuse ? Continuer de chasser s'impose, appliquer

1. Sur cette question voir Conseil d'État, *Bilan d'activité 2021*, p. 44.

les plans de chasse s'impose… Mais c'est en interdisant les chasses jugées cruelles, en reconnaissant dans les faits et non plus seulement dans le droit l'animal comme un être sensible que nous pourrons mieux légitimer sa nécessité dans l'espace forestier comme ailleurs. À ce titre d'ailleurs, preuve que les Français savent faire la part des choses, si en septembre 2022 la perception défavorable de la chasse reste dominante, les mêmes Français montrent une compréhension des enjeux puisqu'ils sont 63 % à juger la chasse indispensable pour gérer populations animales, 61 % à la juger indispensable pour limiter les dégâts causés par la faune sauvage[1].

De manière plus générale, deux axes d'analyse peuvent être mis en avant sur ce sujet d'équilibre. La poursuite du développement économique de la forêt d'abord, dont nous avons vu la prégnance dans les politiques de la forêt. La poursuite du bon état écologique des territoires visés, ensuite, tant il est vrai que les déséquilibres entre espèces peuvent contribuer à l'émergence de maladies.

Sur le plan économique, le législateur poursuit la mise en place de conditions autorisant « la régénération des peuplements forestiers dans des conditions économiques satisfaisantes pour le propriétaire, dans le territoire forestier concerné ». Nous sommes ici pleinement dans la poursuite de l'objectif économique de la politique forestière. Pour ce faire, la définition factuelle de l'équilibre agro-sylvo-cynégétique pèse lourd. Au-delà du classique comptage des espèces pour définir un *quantum* d'équilibre, des Indicateurs de changement écologique plus complets et complexes sont désormais mobilisés pour définir la relation entre le niveau des populations et la qualité des habitats, évidemment en regard du projet

1. Sondage Ipsos pour One Voice, *L'Opinion des Français à l'égard de la chasse*, septembre 2022.

développé pour l'espace étudié. Une pluralité d'acteurs entre en discussions[1], poussant à des collaborations entre institutions l'Office français de la biodiversité (qui a intégré l'Office national de la chasse et de la faune sauvage) et l'Agence nationale de sécurité sanitaire alimentaire nationale (ANSES)

Fondamentalement, le sujet inquiète par ses répercussions techniques et politiques en liens avec la gestion territoriale fine appuyée sur des acteurs locaux, régionaux et nationaux qui ne partagent ni les mêmes objectifs ni les mêmes philosophies alors que la situation tend à se dégrader en forêt lorsqu'il s'agit de produire du bois. La présence du sauvage pose problème dans les espaces anthropiques lorsque nous attentons aux équilibres naturels. Les rapporteurs d'une récente mission parlementaire sur le sujet signalaient que « les forestiers privés et publics s'entendent tous pour estimer que dans de nombreux massifs l'équilibre forêt/grand gibier est rompu, ce qui donne lieu à une situation devenue insoutenable, la gestion durable forestière de ces massifs étant entièrement remise en cause[2] ». Si une identification précise des dégâts de gibier en forêt fait défaut – ceux-ci n'étant par ailleurs étonnamment pas indemnisés à rebours de ce qui est pratiqué pour les dégâts en agriculture[3] –, nous ne sommes pas dépourvus d'indices. Les travaux de l'ONF montrent qu'en 2016, 8 % de la forêt domaniale était touchée par un équilibre compromis tandis

1. Il est possible ici de citer Sylvafaune, lancée par l'ONCFS en 2012. Il s'agit d'une expérience territoriale poussant à la concertation des acteurs afin d'établir un état des lieux, de fixer des objectifs de territoire et de mettre en place les outils permettant de les atteindre.

2. Jean-Noël Cardoux et Alain Péréa, *Restaurer l'équilibre agro-sylvo-cynégétique pour une pleine maîtrise des populations de grand gibier et de leurs dégâts à l'échelle nationale, op. cit.*, mars 2019.

3. L'indemnisation agricole est opérée par les fédérations de chasse au nom de la délégation de service public que la loi leur a conférée.

qu'il était dégradé pour 26 % de la surface nationale, avec des différences considérables selon les régions et massifs forestiers. Ainsi, dans le quart nord-est de la France, le gestionnaire des forêts domaniales estimait que 55 % des forêts étaient en état de déséquilibre. Mieux, les espaces productifs apparaissent les plus touchés par les déséquilibres, puisque 44 % des surfaces en déséquilibre sont à enjeu de production de bois moyen ou fort[1], engageant un impact économique futur jugé important par les acteurs, mais non encore mesuré précisément.

À cela, s'ajoute le risque sanitaire. L'Influenza aviaire a donné un exemple des conséquences possibles d'une porosité entre le sauvage et le domestique concentré dans des proportions que nous savons dangereuses en matière de propagation des zoonoses. Les millions de volailles abattues lors des apparitions de la maladie sont à cet égard la rançon d'un modèle concentrationnaire de production dont le rôle mérite d'être interrogé dans la perspective de l'intensification de la circulation des agents pathogènes d'origine animale susceptibles de se transmettre à l'homme. La surveillance et la régulation, notamment des animaux malades dans les élevages, s'imposent dès lors comme une mesure prophylactique indispensable en l'absence de prédateurs naturels. Là encore, le caractère symbiotique de l'écosystème forestier qui finit par nous compter en son sein joue un rôle fondateur tant il est vrai que son déséquilibre sanitaire peut signifier l'apparition de catastrophes pour l'humanité.

On le voit, la question de la biodiversité forestière est essentielle, rejoignant la problématique de notre santé. À ce titre, nous devons réapprendre à vivre avec la forêt en repensant nos usages d'une nature à bout de souffle.

1. Jean-Noël Cardoux et Alain Péréa, *Restaurer l'équilibre agro-sylvo-cynégétique pour une pleine maîtrise des populations de grand gibier et de leurs dégâts à l'échelle nationale, op. cit.*, 2019.

5
Repenser les usages du bois
Un changement de paradigme écologique

Notre ordonnancement politique, économique et juridique en matière forestière repose encore largement sur l'idée d'une nature ressource malléable qu'il faut exploiter selon des besoins que nous n'aurions pas à interroger. Pour preuve, si le Programme national de la forêt et du bois (PNFB) 2016-2026 entérine une véritable prise de conscience du besoin de protection environnementale et affirme le rôle des forêts dans la captation du carbone ou encore dans le cycle de l'eau, la réflexion et les orientations qu'il contient – dont il faut dire la très forte utilité pour la filière forêt-bois – achoppent à penser l'avenir autrement que dans le cadre productif défini par notre histoire et qui vise à adapter la nature à nos besoins.

Sans doute nous heurtons-nous aux limites de la capacité collective de penser le retournement et ce qu'il impose à nos sociétés : penser l'adaptation de l'humanité à la nature et non de la nature à l'humanité. De ce point de vue, toute occasion perdue est aujourd'hui véritablement problématique. C'est à cette aune qu'il nous faut repenser nos usages des forêts et du bois dont nous savons qu'ils sont au fondement de la transition.

Mais qu'est-ce donc, d'abord, que le bois ?

Sur le plan chimique, le bois est constitué :

– de cellulose, d'hémicelluloses et de lignine. Les deux premières substances représentent entre 65 et 75 % de la masse, la troisième fait le complément jusqu'à 97 à 99 % de la masse du bois. Toutes sont présentes dans toutes les essences forestières ;

– de composés minéraux, plus communément appelés « cendres » (ils se retrouvent sous cette forme après combustion totale du bois) qui représentent entre 1 et 3 % de la masse du bois.

Si la composition de la cellulose est identique pour toutes les essences forestières, en revanche pour les hémicelluloses et la lignine les compositions chimiques varient selon les essences forestières et notamment entre les résineux et les feuillus.

Au cœur du développement humain, la forêt fournit le matériau sur lequel a reposé notre première émancipation de la nature : le bois. Artificialisées, plastifiées, numérisées, nos vies ont, depuis deux siècles, connu une évolution que nous savons désormais insoutenable. Il n'existe pas d'avenir pour une humanité hors nature et sans forêt.

En gardant une approche soucieuse de la technologie et du progrès scientifique, nous devons réapprendre à faire avec les limites de notre monde, avec ce qui nous entoure, nous constitue et permet notre perpétuation. À cet égard, le besoin de développer une bioéconomie reposant sur l'usage soutenable des matériaux naturels neutres dans leur impact environnemental n'est désormais plus discutable.

Malgré l'émergence de nouveaux matériaux, le bois est appelé à garder une place prépondérante dans nos univers quotidiens et peut-être à reconquérir des espaces dont il avait été exclu. Cela signifie l'obligation de produire et ainsi de couper des arbres en conséquence. Dès lors, investir dans la filière est impératif. Chose complexe, si l'on en croit les rédacteurs du commissariat général du plan de 1991 pour qui « les particularités du milieu naturel, l'importance des délais, la difficulté de prévoir des marchés à long terme et le fait que la forêt est appelée à remplir des fonctions autres qu'économiques ne facilitent pas le recours à une approche de type industriel des investissements forestiers[1] ».

À travers cette analyse, les perspectives annoncées dans le Programme national de la forêt et du bois 2016-2026 qui vise une adaptation de la forêt à la demande de bois apparaissent quelque peu singulières dans une époque d'innovations permanentes où il est bien difficile de savoir de quoi sera faite l'industrie du futur. En matière forestière sans doute plus qu'ailleurs, ayons collectivement l'humilité de reconnaître que si nous érigeons la forêt des siècles prochains, il nous est bien difficile de savoir quels seront les usages économiques de ses matériaux et de sa lignine. Où en sera ainsi la chimie du bois qui, par exemple, semble pouvoir déjà envisager de remplacer la lignine dans le bois par des polymères végétaux dans un processus destiné à rendre le bois translucide pour des usages dans la construction. Verrons-nous demain des parois en bois translucide laissant passer la lumière dans nos intérieurs ? La révolution de la chimie du bois pourrait bien, dans ces conditions, rendre la prévision sur les usages des forêts futures que nous plantons ou entretenons aussi illusoire que celle que Colbert avait envisagée pour ses grandes futaies qu'il destinait à la marine sans imaginer qu'elle abandonnerait le bois.

Au fond, nous devrions avoir la sagesse de penser le présent et notre action future sans faire de la prospective industrielle une prédiction, mais une voie d'orientation des visions relatives à l'économie du bois dans un pas de temps transgénérationnel que nous ne maîtrisons en réalité aucunement. Apprendre

1. Commissariat général du plan, *De la forêt à l'industrie. Uns stratégie pour le bois*, Rapport du groupe de stratégie industrielle « bois » présidée par M. Blondot, Paris, Documentation française, 1991, p. 22.

enfin que le temps forestier nous impose son rythme, et pas l'inverse. À partir de cette perspective, ce que nous savons de l'état forestier présent fonde ce que nous pouvons imaginer de son devenir. Selon l'Inventaire forestier national, la forêt française produit chaque année environ 89 Mm^3 de bois. De cette croissance annuelle, 10 Mm^3 de bois mort doivent être soustraits outre environ 50 Mm^3 récoltés. En ressort une augmentation du volume de 28 Mm^3 illustratrice de l'agrandissement de la forêt et du doublement du stock de bois sur pied depuis le début des années 1980. Cette récolte de bois est répartie quasiment à parité entre feuillus et résineux. Le pin maritime, notamment le million d'hectares de la forêt landaise, est le plus gros contributeur de matériau bois pour 6,5 Mm^3. L'épicéa tient sa place, après les grandes plantations de l'après-guerre. Mais les feuillus sont toujours recherchés. À chaque essence sa qualité. Ici, le bois de construction, ici le bois de trituration. Ici les bois d'usage commun, là les bois plus précieux.

Tout cela démontre non seulement la durabilité globale de l'exploitation de la forêt française telle que nous la connaissons jusqu'à aujourd'hui, notamment pour les feuillus, mais surtout que le stockage du carbone dans nos forêts demeure opérationnel.

Arrêtons-nous quand même sur la ventilation des volumes mis en marché. La forêt privée représente 75 % de la surface forestière, mais ne fournit que 60 % du volume de bois national tandis que la forêt publique fournit 40 % du marché pour 25 % de la surface. Le déséquilibre s'accroît si l'on analyse les flux en termes de valeur, puisque les 40 % du volume de bois mis sur le marché par l'ONF pour le compte des forêts communales et domaniales représentent 60 % de la valeur marchande. Un tel déséquilibre peut-il s'expliquer autrement que par un déficit de gestion des forêts privées ?

En réalité, comparativement à la forêt allemande où 32 millions de m^3 de bois sont récoltés, notre pays semble très mal valoriser cette production. L'analyse de l'emploi forestier en est peut-être le symptôme le plus troublant. Là où la France compte 400 000 emplois dans la filière bois, l'Allemagne en recense 1,2 million ! Cela laisse entrevoir des perspectives de croissance non négligeable en matière d'emplois dans cette filière sur notre territoire[1].

Parmi les nombreux atouts de nos forêts, nous disposons d'une richesse considérable avec le chêne, essence emblématique s'il en est. La France en est le deuxième producteur au monde, représentant à elle seule 25 % du marché mondial. Là encore, nombre de spécialistes estiment que cette ressource d'un bois de très haute qualité mériterait une meilleure transformation et valorisation au niveau local. Du travail en vue pour la filière…

Mais cette analyse est-elle encore pertinente ? Elle repose en effet sur une vision de l'avenir des techniques industrielles. Le problème est que le principal a été oublié en se focalisant sur la fourniture à l'industrie par notre sylviculture de quantités et qualités « des essences que le marché demande, dans des conditions économiques et environnementales performantes[2] ». Quid du mur climatique dans cette pensée ? Le réchauffement climatique aurait déjà dû alerter les décideurs quant au bien-fondé d'une telle option politique consistant à adapter la forêt à l'industrie. Passons sur le tropisme productif

1. Cette perspective de création d'emplois a été notamment mentionnée dans un rapport parlementaire remis au Premier ministre en 2013. Jean-Yves Caullet, *Bois et forêts de France. Nouveaux défis*, Rapport au Premier ministre, 2013.

2. *Programme national de la forêt et du bois 2016-2026*, p.15. Le document est disponible sur le site internet du ministère de l'agriculture : agriculture.gouv.fr.

du PNFB favorable à l'enrésinement, qui peut se discuter au regard des enjeux de biodiversité. À l'heure de la fragilisation tous azimuts des espaces forestiers, il semble surprenant de penser l'industrie avant la forêt, l'industrie avant la permanence de la ressource. Sept ans plus tard, nous voyons bien qu'il faudra sans doute adapter notre industrie à ce que nous pourrons faire de nos espaces forestiers. Bien évidemment, le besoin de récolte demeure essentiel dans une économie de la transition climatique et écologique. Mais il apparaît pour le moins absurde, à l'heure de l'adaptation de la forêt au climat, de penser la primauté de l'industrie. En réalité, le PNFB continue de faire écho direct à la pensée démiurgique au fondement de l'anthropocène à l'heure de l'effondrement.

Pourquoi une telle orientation reposant sur un mythe prométhéen que nous savons obsolète alors que les pouvoirs publics comme les acteurs disposaient déjà des instruments intellectuels pour penser le changement de paradigme imposé par le défi climatique ? Sans doute parce qu'il est difficile de penser collectivement la rupture, de lui donner les moyens par le soutien aux entreprises, évidemment financièrement beaucoup plus onéreux que l'adaptation des forêts telle que nous l'avons connue.

Ces éléments mis en avant, il n'en demeure pas moins vrai que les arbitrages à opérer sont stratégiques dans l'approche des usages économiques de la forêt et du bois et leur impact sur l'abord patrimonial qui a pu se développer à leur égard.

Il faut constater, pour en tirer des enseignements sur les pratiques à développer, que « les lieux les plus patrimonialisés sont bien souvent ceux qui sont inscrits dans un usage traditionnel de la forêt, et notamment, au travers de la chasse et de la cueillette. Les « milieux de biodiversité » ne constituent pour les enquêtés qu'un nom moderne donné à des lieux qui ont toujours attiré les populations locales par leurs productions de ressources[1] ». D'un point de vue de marketing économique territorial, le développement des appellations d'origine engagées par la filière forêt bois en miroir des pratiques agricoles et alimentaires s'inscrivent dans une innovation intéressante soutenue par les pouvoirs publics. Le consommateur peut ainsi prendre conscience de l'importance d'une identification d'un produit à son territoire et en défendre sa promotion. À ce titre, nous connaissons par exemple les appellations bois de chartreuse et bois du Jura. Il y a beaucoup à apprendre du monde agricole et alimentaire pour les forestiers dans cette transformation des approches commerciales. Les très nombreux travaux sociologiques et économiques menés sur les productions agricoles montrent l'efficacité de ces signes de qualité et d'origine dans une perspective de réappropriation territoriale des productions et consommations. Elles ancrent *de facto* l'emploi de la production primaire et de la transformation sur le territoire, conférant aux productions une assise culturelle forte propice à la relocalisation de nos usages de la nature.

Pour la forêt, l'intérêt de cette évolution réside aussi dans l'impulsion qu'elle donne au changement de perception quant à la prédation que nos modes de vie imposent à l'espace forestier mondial particulièrement dans les zones tropicales. Le regard de proximité nous replonge dans une relation de voisinage contributrice de la résurgence d'un intérêt pour le maintien en bon état d'une ressource à laquelle nous ne sommes plus étrangers. C'est alors qu'il est possible de s'intéresser aux modalités de l'usage des matériaux prélevés dans la nature.

Comment l'arbre est-il utilisé comme matériau bois après sa récolte ? 60 % est utilisé dans une utilisation « noble » comme les parquets, la charpente, les menuiseries et 40 % pour le bois

1. Aude Pottier, *La forêt des Landes de Gascogne comme patrimoine naturel ? Echelles, enjeux, valeurs, op. cit.*, 2012, p. 284.

d'industrie, notamment la pâte à papier, les panneaux de particules. Cependant, parmi les 60 % de bois noble seulement la moitié arrive au produit fini, le reste étant destiné aux produits connexes de scieries : sciure, dosses, écorces…

Prendre comme point de discussion de l'intérêt des usages du bois et leur hiérarchisation dans notre quotidien l'objectif primordial de stockage du carbone permet d'envisager l'impact de cet emploi dans la lutte contre le réchauffement climatique. Une étude l'INRAE nous apprend à cet égard que « le bilan carbone de la filière forêt-bois française peut être évalué en sommant les effets de stockage annuel de carbone dans l'écosystème forestier et dans les produits bois et les équivalents CO_2 des émissions de gaz à effet de serre évitées par effets de substitution (matériau et énergie), à environ 130 $MtCO_2$ eq/an[1] ». Cette donnée est fondamentale pour la poursuite de la neutralité carbone à l'horizon 2050, faisant de la construction bois une des actions primordiales de la Stratégie Nationale Bas Carbone (SNBC) dont l'objectif réside dans le triplement de l'usage du bois dans la construction entre 2015 et 2050. Le puits de carbone constitué par la forêt est ainsi complété par la substitution du bois à d'autres matériaux pour améliorer le stockage du carbone de longue durée. Sur les 130 millions de tonnes annuelles, selon ces travaux de l'INRAE, 33 millions de tonnes de CO_2 sont économisées grâce à l'utilisation du matériau bois, qui apparaît ainsi aux chercheurs comme un levier important d'atténuation du changement climatique.

1. Voir *Quel rôle pour les forêts et la filière forêt bois françaises dans l'atténuation du changement climatique ? Une étude des freins et leviers forestiers à l'horizon 2050*, Rapport, INRAE/IGN, novembre 2017, p. 2.
3. Disponible sur le site : <https://www.inrae.fr/sites/default/files/pdf/etude-forets-bois-et-changement-climatique-rapport-2.pdf>.

Outre la problématique de la déconstruction envisagée par l'approche en termes de cycle de vie des constructions, sur le plan mécanique, le bois construction bénéficie en outre d'avantages comparatifs. Il présente une bonne résistance pour un poids de structure plus faible que le béton et l'acier. Pour soutenir une charge de 20 tonnes sur une longueur de 3 mètres, par exemple, 60 kg d'épicéa sont nécessaires alors qu'il faudrait 80 kg d'acier et 300 kg de béton armé. Le gain pour la charge au sol des constructions est énorme. Par exemple une maison en bois de 100 m^2 sur deux étages pèse 70 tonnes tandis que la maison dite traditionnelle pèse 200 tonnes…

Dans cette maison individuelle, nous évitons encore la production de 10 tonnes de CO_2, soit 9 ans de chauffage au gaz ou 60 ans de chauffage par une pompe à chaleur électrique.

Au-delà des chiffres, toujours sujets à évolution en regard des techniques mises en œuvre, l'utilisation du matériau bois répond à la règle dite des 3 S :

– séquestration du carbone par la végétation forestière et particulièrement des arbres ;

– stockage du carbone dans tous les matériaux bois utilisés dans la construction, l'ameublement, etc. ;

– substitution d'autres matériaux comme l'acier, l'aluminium et le béton qui émettent d'énormes quantités de gaz à effet de serre pour leur création et leur mise en œuvre.

Pour l'avenir, le bois possède d'autres qualités fondamentales. Produit de substitution dans la chimie, l'utilisation de ses sous-produits est possible pour l'isolation thermique et phonique. Il est ainsi un matériau primordial du programme de rénovation énergétique des bâtiments, dont on sait désormais le caractère stratégique pour diminuer notre empreinte carbone et notre dépendance aux énergies fossiles venues d'ailleurs. Le bois demeure, au XXIe siècle comme il l'était pour Colbert, un élément de souveraineté nationale.

Le matériau bois comme ses sous-produits peuvent être intégrés dans une économie circulaire jusqu'à une utilisation finale. Par exemple, si l'on considère que l'utilisation ultime du matériau bois est l'énergie, les cendres récupérées (entre 1 et 3 % de la masse du bois initial) peuvent être redirigées dans les parcelles forestières pour réalimenter les sols des minéraux que la croissance des arbres aura prélevés dans le sol. Le bois concourt donc à une société du recyclage avec zéro déchet.

Ces scenarii apparaissent séduisants pour la poursuite d'une neutralité carbone conditionnant la lutte contre le réchauffement climatique. Ils doivent être cependant interrogés au regard des perspectives sylvicoles qu'ils impliquent par rapport à la situation présente. Si nous suivons la stratégie nationale bas carbone, alors nous devons passer d'une récolte annuelle de 48 millions de m^3 en 2015 à 83 millions de m^3 en 2050. Accessible peut-être si l'on se réfère aux seuls chiffres actuels de récoltes. En effet, comme nous ne prélevons que 50 à 60 % du croît annuel des forêts, une augmentation de récolte de 72 % semble théoriquement atteignable.

Mais rien n'est pourtant moins sûr si l'on prend en compte les évolutions climatiques. En premier lieu, la vigilance s'impose quant à la disponibilité du bois pour les générations futures et à la hiérarchie des usages auxquels nous le destinons. En effet, si les données statistiques de l'IFN mettent en évidence que le volume de bois sur pied s'est accru entre 2011 et 2019, une autre approche plus fine du RMT Aforce enseigne la diminution tendancielle de cet accroissement depuis le début des années 2000. De l'ordre de 4 à 6 m^3/ha/an au début des années 2000, il est tombé à hauteur de 2 à 3 m^3/ha au début des années 2020. Or, si la forêt produit moins de bois, le bois disponible sur le marché national diminuera, même en mobilisant la production actuellement non mobilisée en forêt privée. En conséquence, nous devrons envisager une approche de filière d'accroissement de la valorisation/optimisation de chaque mètre cube de bois sorti de forêt, édifier pour le bois le même type d'approche que pour le gaspillage alimentaire dans une société de la rareté. Là aussi, le défi est d'importance. Il interroge l'orientation des investissements industriels – que l'on peut voir dans le développement du plan de relance décidé en 2020 par le gouvernement français – et de notre capacité à nous défaire d'une dépendance de bois importés. Mais là encore, la volonté politique semble souvent évanescente. La filière ressemble à Sisyphe. Pour preuve, nous semblons rééditer les réflexions du début du xxe siècle, lorsque les commentateurs montraient le besoin de reforestation pour échapper à notre dépendance commerciale à l'égard des pays du nord de l'Europe notamment. À ce titre, les 7 milliards d'euros de déficit de la balance commerciale bois disent beaucoup de l'échec et de l'impensé des politiques de la forêt et du bois dans un pays pourtant riche en ressources forestières.

C'est pourquoi il est essentiel d'admettre que si l'utilisation du matériau bois est une opportunité pour réduire l'impact des rejets de CO_2, la baisse potentielle de l'approvisionnement national doit être anticipée pour éviter d'accroître la pression sur l'exploitation des forêts boréales, tropicales et équatoriales qui ne bénéficient pas, pour nombre d'entre elles, de document de gestion durable. La hiérarchie des usages peut de nouveau nous servir à réfléchir quelques orientations très pratiques même si elles apparaissent de faible ampleur. Dans cette société du zéro déchet que nous avons évoquée, il faudrait ainsi éviter le développement des usages uniques, comme cela se pratique aujourd'hui avec le remplacement de couverts en plastiques par des couverts en matériau bois immédiatement jetés une fois utilisés par exemple dans la restauration rapide… C'est aussi par ce type de symbole que nous pouvons inscrire la durabilité dans nos gestes quotidiens.

Par cette hiérarchisation des usages, nous retombons sur l'intérêt d'organiser dès aujourd'hui la replantation et la régénération naturelle sur notre territoire, dont nous avons parlé plus haut, en poussant à l'adaptation de nos modèles industriels de transformation et d'usage du bois. De façon structurelle, cela signifie qu'il faut restructurer la filière bois, dans son ensemble, pour la rendre solidaire non seulement entre acteurs qui concourent tous au travail de refondation écologique de notre économie, mais aussi avec les territoires dont elle tire ses ressources[1]. À l'heure où la taille du projet de la centrale de Provence (dite chaufferie bois de Gardanne) est interrogée par une décision du Conseil d'État d'annulation de l'autorisation d'exploitation de biomasse sur la tranche numéro 4 de ladite centrale, nous devons repenser nos modèles de développement économique. Datée du 27 mars 2023, la décision repose sur le défaut d'étude d'impact suffisante. En l'espèce jugée, le Conseil d'État pose que l'appréciation des effets d'un projet d'installations classées « suppose que soient analysées dans l'étude d'impact non seulement les incidences directes sur l'environnement de l'ouvrage autorisé, mais aussi celles susceptibles d'être provoquées par son utilisation et son exploitation. Cette analyse doit, aux termes de l'article R. 512-8 du code de l'environnement cité au point 2 et alors applicable, être en relation avec l'importance de

1. Ce lien organique entre effort de renouvellement forestier et structuration de la filière est mis en avant dans le rapport *Objectif forêt* du Comité spécialisé « gestion durable des forêts » en vue de l'élaboration du plan national de renouvellement forestier rendu le 26 juillet 2023. Ce Ce rapport, qui fait l'objet d'un vif débat du fait d'un tropisme discutable de réponse aux besoins de l'Industrie, expose qu'il est raisonnable d'envisager que 10 % de la surface forestière de l'Hexagone puisse faire l'objet d'actions de renouvellement ou d'enrichissement dans les dix prochaines années. Il avance, pour ce faire, un coût de 10 milliards d'euros d'investissements pour les propriétaires forestiers.

l'installation projetée. Or, il ressort des pièces du dossier soumis aux juges du fond que […] l'exploitation de la centrale de Provence repose sur la consommation de très grandes quantités de bois provenant de ressources forestières locales, ressources naturelles faisant l'objet d'une protection particulière. Il s'ensuit que les principaux impacts sur l'environnement de la centrale par son approvisionnement en bois, et notamment les effets sur les massifs forestiers locaux, doivent nécessairement être analysés dans l'étude d'impact[1] ». La décision questionne en réalité la pertinence des grands projets industriels assis sur l'exploitation d'une ressource locale. *De facto*, elle pose le sujet d'une restructuration de la filière fondée sur une économie de la relocalisation au regard de la ressource dont la capacité de régénération et la permanence doivent désormais être garanties dans un contexte de fragilité climatique des forêts. Inutile de dire ici que dans la chaîne de valeur, le bois énergie ne saurait l'emporter sur les autres usages, quand bien même il représente une ressource renouvelable dite pilotable, et donc intéressante. Au regard de la filière, le bois énergie est bien ce qui reste après que les autres usages ont pris leur part. Si tout bois est sans doute destiné à être transformé en énergie, cette transformation n'est que la dernière étape d'un cycle d'usages parfois pluriséculaires du matériau… La part du déchet bois.

Dans cette perspective générale, la philosophie de l'action conditionnera sa réussite à tous les échelons de la filière forêt-bois. Si nous suivons en effet les volontés affirmées dans la stratégie nationale bas carbone ou encore le Programme national de la forêt et du bois, il faut poser en principe cardinal que la croissance de la récolte dans un objectif de neutralité carbone ne pourrait être opérée qu'à la condition de changements

1. Conseil d'État, 27 mars 2023, 6e-5e chambres réunies, n° 450135. URL : <https://www.conseil-etat.fr/arianeweb/#/view-document/?storage=true>.

radicaux de gestion forestière. Nous évoquions les 40 % du bois mis en marché en France récoltés par l'Office national des forêts sur 25 % de la surface forestière. Or, nombreux sont les espaces forestiers relevant du régime forestier public difficiles d'accès et d'exploitation du fait du statut de forêts de protection ou autres réserves biologiques… Augmenter la récolte dans ces conditions semble un objectif illusoire. C'est donc sur la forêt privée qu'il faudra faire reposer le premier effort économique. C'est évidemment possible puisqu'elle représente 75 % de la surface. Et pourtant il faudra alors en transformer la perception par de très nombreux propriétaires, qui y voient des espaces de nature à préserver et/ou de loisir sans destination économique. Dès lors, organiser une chaîne économique plus productive que celle que nous connaissons est impératif. Encore faut-il admettre le besoin d'un développement et une transformation de l'emploi forestier considérable outre une réflexion sur l'avenir des institutions ONF et CNPF dont, à l'instar d'un récent rapport parlementaire[1], il faut poser la question d'un regroupement dans un même établissement, une même agence.

À cela, s'ajoute l'indispensable balance de l'intérêt entre production de bois et préservation de la biodiversité, dont on voit bien qu'elle peut frontalement se heurter à l'objectif de la décarbonation de l'économie. Une étude canadienne sur les effets de la substitution du bois à d'autres matériaux dans le bâtiment invite à la prudence. Si nous devons prendre en compte le fait que la sylviculture canadienne n'est certainement pas comparable à celle pratiquée en France, ses résultats montrent que l'indicateur du devenir de la qualité de l'écosystème forestier est défavorable, opposé à ceux favorables

1. Voir Anne-Laure Cattelot, *La forêt et la filière bois à la croisée des chemins: l'arbre des possibles, op. cit.*, juillet 2020.

relatifs au changement climatique, à la santé et aux ressources[1]. Négliger la biodiversité, dont notre survie dépend aussi, n'est pas une option. Un équilibre doit donc être recherché. Dans cette perspective, comme l'écrivent Bruno Latour et Nikolaj Shultz, « le charmant euphémisme “transition” souligne aussi mal que possible ce qui est bel et bien un renversement[2] ».

En France, nous dépendons de 17 millions d'hectares de forêts, dont certaines sont extrêmement difficiles à exploiter du fait de leur localisation géographique. On n'exploite pas avec les mêmes techniques ni pour le même coût des bois en plaine et des bois de montagne. Et puis, toute renouvelable soit-elle, la forêt a besoin de temps pour ce faire. Nous revoilà plongés dans l'histoire de notre dépendance à l'égard de l'environnement naturel et de ce qu'il peut nous offrir dont nous avons montré qu'elle était déjà au cœur des préoccupations des monarques du XIVe siècle. Parler des usages du bois, de leur développement local, c'est immédiatement faire référence aux méthodes de sylviculture dont l'évolution suit l'usage dans les forêts anthropiques. Reviennent les mots que Pierre Defontaine utilisait pour en dire la causalité directe dans son analyse de la mutation opérée à partir du XVIIe siècle :

> Mais les nouveaux usages du bois modifièrent bientôt la tactique de l'homme vis-à-vis des boisements. La servitude de chauffage cessa de peser aussi lourdement sur les arbres et par contre les besoins de bois d'œuvre réclamèrent des arbres droits et faciles à scier. L'homme se fit alors l'allié des

1. Voir Sylvain Cordier et al., « Regional environmental life cycle consequences of material substitutions : The case of increasing wood structures for non-residential buildings », *Journal of cleaner production*, vol. 328, 15 décembre 2021.
2. Bruno Latour, Nikolaj Schultz, *Mémo sur la nouvelle classe écologique*, Paris, La Découverte, 2022, p. 31.

conifères et l'on assista à un recul général des feuillus : après la hantise du chêne, il y eut la manie de l'épicéa[1].

Le législateur lui-même a pleinement conscience de cette donnée structurante de la politique forestière lorsqu'il vise à favoriser l'usage du bois matériau dans la loi du 3 août 2009 de programmation relative à la mise en œuvre du Grenelle de l'environnement et affirme en conséquence :

> La biodiversité forestière ordinaire et remarquable doit être préservée et valorisée, dans le cadre d'une gestion plus dynamique de la filière bois et dans une perspective de lutte contre le changement climatique. La production accrue de bois, en tant qu'éco-matériau et source d'énergie renouvelable, doit s'inscrire dans des projets de développement locaux[2].

La relocalisation de la production est intéressante, faisant écho à l'adaptation des sylvicultures aux massifs présents sur le territoire. Une telle orientation conduit immanquablement à poser la question de projets comme celui de Gardanne, que nous venons de voir à travers le coup d'arrêt porté par le Conseil d'État. On l'aura compris, à chacun sa sylviculture dynamique. Mais l'objectif est-il atteignable alors que les peuplements sont fragilisés par les conséquences du changement climatique contre lequel ils sont justement mobilisés ? Il est aisé de comprendre que les défis que nous opposent le réchauffement climatique et l'effondrement de la biodiversité obligent à repenser ces usages pour rompre avec l'anthropocène. Revient, à ce stade, la réflexion de Francis Hallé sur la distinction entre

1. Pierre Defontaine, *L'homme et la forêt*, Paris, Gallimard, 1933, 18e éd. 1945, p. 143. La hantise du chêne dont il est question ici est liée à son faible pouvoir calorifère. Il était donc peu prisé au regard d'autres feuillus à l'heure des usages prioritairement énergétiques du bois.
2. Art. 34.

forêts et champs d'arbres, entre renaturation et anthropisation. De notre point de vue, il n'est pas de forêt coupée de son environnement. De même que les animaux sauvages modèlent les forêts qu'ils habitent par leur présence, l'humanité agit sur les forêts dont elle tire ses ressources. Agir le moins possible est sans doute écologiquement préférable, mais c'est agir et donc peser sur la biosphère. C'est ainsi qu'il vaut bien mieux adapter l'industrie à la nature que l'inverse. Le PNFB 2016-2026 que nous avons cité a sans doute marqué un manquement important à cet égard. Il est à espérer que le prochain exercice de ce genre tirera pleinement les conséquences de l'état des lieux climatique et biologique.

Mais peut-être faut-il remonter à plus loin pour apercevoir la fragilité de l'édifice sur lequel repose la pensée forestière. De ce point de vue, la loi du 3 août 2009 avait beaucoup d'atours d'une loi proclamatoire où l'État prenait les engagements d'améliorer ses résultats sans en définir ni poser les moyens. Bien vite, au sommet, l'on considéra que l'environnement commençait à « bien faire »[1]. Les quelques bribes d'élan forestier finirent même par tomber sous les coups du Conseil constitutionnel saisi d'une question prioritaire de constitutionnalité, à la demande initiale du Syndicat français de l'industrie cimentière et la Fédération de l'industrie du béton, qui jugea que la capacité laissée par le législateur au pouvoir réglementaire de fixer des normes d'utilisation de bois dans la construction portait une atteinte injustifiée à la liberté d'entreprendre du fait que ces dispositions n'avaient qu'une incidence indirecte sur l'environnement[2]. Nous laisserons le lecteur juge des

1. Selon les mots du président Nicolas Sarkozy adressés aux agriculteurs au Salon de l'agriculture de mars 2010 : « L'environnement, ça commence à bien faire. »

2. Conseil constitutionnel, décision n° 2013-317 QPC, 24 mai 2013.

motivations d'une décision qui nous paraissent pour le moins surprenantes quant à la compréhension des enjeux du stockage du carbone et en conséquence au degré de protection à accorder au principe général de la liberté d'entreprendre au regard de ses effets possibles sur la dégradation de l'environnement par le juge constitutionnel de 2013 – il a depuis évolué en la matière[1] – qui limite *de facto* le rôle du législateur dans la lutte contre le réchauffement climatique. Néanmoins, ce contentieux qui aboutit à la rédaction d'un nouveau décret marque parfaitement les enjeux économiques et sociaux portés par le changement de politique imposé par le défi climatique. Des pans entiers de nos activités économiques sont en effet interrogés et possiblement voués à des mutations considérables de pratiques jusqu'à la disparition pour certains d'entre eux. Encore une fois, la forêt se place au cœur des mutations à venir en nous apportant de futures solutions.

C'est à ce stade que nous devons réapprendre à vivre avec la forêt, passer un nouveau contrat naturel.

1. Pour un exemple remarqué, voir Conseil constitutionnel, 31 janvier 2020, n° 2019-823 QPC. À cette occasion, le Conseil juge que la protection de l'environnement constitue un objectif de valeur constitutionnelle de même que la santé. Il appartient au législateur de concilier ces objectifs avec la liberté d'entreprendre. Cette décision emporte un contrôle de proportionnalité sur lequel s'est par exemple appuyé le Conseil d'État dans une décision du 6 août 2021 pour refuser la transmission d'une QPC au motif que l'atteinte portée à la liberté d'entreprendre des requérants n'étaient pas « manifestement disproportionnée au regard de l'objectif d'intérêt général de protection de l'environnement ». Il s'agissait de l'obligation faite aux établissements de restauration, à compter du 1er janvier 2023 de servir les repas et boissons consommés dans l'enceinte de l'établissement dans des gobelets, y compris leurs moyens de fermeture et couvercles, des assiettes et des récipients réemployables ainsi qu'avec des couverts réemployables. Conseil d'État, 6e chambre, n° 450228, 6 août 2021.

6
Éduquer, former et partager
Un nouveau contrat avec la société

Nous avons, chacun, une approche singulière de notre relation à la forêt. Elle fait à la fois corps avec notre culture, notre éducation, notre lieu de vie, nos souvenirs et la conscience que nous gagnons en qualité de vie aux côtés de ce véritable monument naturel qui nous enseigne le caractère éphémère de la vie humaine ainsi confrontée au temps millénaire de certains végétaux.

Or, au lieu d'une œuvre de la nature, notre regard a en réalité été façonné par l'œuvre de professionnels appliquant des doctrines intellectuelles et des politiques publiques visant l'espace forestier sans que nous nous en rendions compte. Répétons-le : en France, il n'y a pas de forêt primaire hors la forêt amazonienne de Guyane et certains espaces outre-mer comme les mangroves. Invention humaine, le paysage est non seulement un construit culturel, mais aussi un construit matériel. Il est important d'y revenir pour comprendre non seulement les débats sur les techniques de foresterie actuelles mais aussi leur légitimité.

Nous l'avons dit : depuis plus de huit siècles, les forestiers acquièrent une expérience collective et individuelle pour la gestion des forêts. Nous ne ferons pas ici l'histoire du corps forestier. Il est néanmoins utile de connaître l'évolution des techniques par le biais de la spécialisation des maîtres des eaux et forêts, des arpenteurs, des gardes marteaux, etc. qui peuplaient l'Administration. Comme pour toutes les charges d'Ancien Régime, il s'agissait d'offices, devenus vénaux et héréditaires avec le temps, au point d'être une source indispensable de revenus pour le roi qui pouvait abuser de leur création au gré de ses besoins financiers. La compétence, ici, n'était pas toujours au cœur de la problématique. Bien sûr, des techniques de gestion existaient, mais la réalité oblige à dire que le foisonnement des textes royaux de réformation de la forêt sous l'Ancien Régime tient autant au caractère stratégique de la ressource qu'à sa fragilité devant les assauts de la civilisation. « La disette de cette matière se fait déjà sentir de toute part », écrivait par exemple Duhamel du Monceau en 1760 en préface de son *Traité des semis et plantations des arbres et de leur culture*. Certes, le droit définissait des âges de coupe, des obligations liées aux défrichements, à la réserve de baliveaux, etc., mais l'on en restait au jumelage de la volonté royale de préserver la ressource avec les leçons de l'empirisme lent des techniques portées par le regard du forestier sur l'évolution de son espace. Au XVIIIe siècle, l'ambition change de nature pour changer la nature. Le sous-titre de l'ouvrage de Duhamel du Monceau est à lui seul la marque de cette ambition d'artificialisation des forêts puisqu'il s'agit de disserter sur les « Méthodes pour multiplier les arbres, les planter en massifs & en avenues; former les forêts et les bois… ». Pourquoi le rappeler? Parce que, pour débattre sereinement, l'origine de ce que nous voyons doit être identifiée. La futaie n'est pas un stade naturel de la forêt, elle est une fabrication artificielle, un acte de construction humaine de l'espace et de son contenu. Se promener dans les grandes futaies cathédrales revient à contempler l'état de l'art forestier d'une époque, la philosophie et les ambitions d'un moment historique ainsi que leur entretien par les générations suivantes de forestiers acquises à la cause.

Pourtant, force est de constater la faiblesse de la prise en compte de leur parole dans le processus de décision politique dévolue à d'autres sphères de compétences.

Arrêtons-nous un moment sur cette œuvre de formation des professionnels de la forêt. La France a été le premier pays à créer une école forestière, à Nancy en 1824. Née École royale forestière, elle est devenue en 1894 École nationale des eaux et forêts. Son inspiration a d'abord été germanique. Les premiers ouvrages de foresterie étaient deux ouvrages traduits de l'allemand des forestiers Burgdorff et Hartig, dont Lorentz, le directeur de l'École royale, faisait la promotion. La France avait alors fait le choix de la science germanique, dont elle louait la pensée et les résultats, reléguant les doctrines internes. L'explication principale se trouve dans la singularité de l'époque napoléonienne, avec notre installation outre-Rhin, qui avait permis des échanges intellectuels féconds convainquant ceux arrivés à la tête des institutions forestières comme Lorentz qui avaient passé du temps dans ces nouveaux territoires. Une épreuve de langue allemande était instituée pour intégrer l'École de Nancy dont la localisation répondait notamment à la proximité de la ville de la frontière. Reste que l'excellence a pris pied à Nancy. L'émancipation intellectuelle s'est peu à peu opérée, pour être définitive après 1870. La guerre a isolé chaque camp, fait naître les rejets qu'exprime bien par exemple le grand forestier du tournant du XIXe siècle : Gustave Huffel.

Après deux siècles, la réputation de la formation dispensée par cette école a dépassé nos frontières comme l'a montré l'action de M. Vogéli, dont nous avons déjà parlé, mais aussi par exemple avec l'action des forestiers français dans la mise en œuvre de puits de carbone, en Amérique latine notamment. Par la suite, d'autres écoles de formations de techniciens et d'ingénieurs forestiers ont vu le jour (par exemple 1873 l'ENITEF : École nationale des ingénieurs des travaux forestiers, qui devient la FIF, adossée à l'ENGREF (Formation des ingénieurs forestiers de l'École nationale du génie rural des eaux et forêts) en 1990. Cette dernière mérite un regard. Elle a en effet été fermée en 2010 pour des raisons difficilement compréhensibles.

Pourquoi s'arrêter à cet épisode ? Parce qu'au-delà d'une problématique relative au fonctionnement et à la justification de la décision administrative, la fermeture de la FIF révèle à la fois l'absence de prise de conscience des enjeux forestiers au sommet de l'Administration et l'existence de procédures décisionnaires discutables concernant la formation des générations futures. Elle marque sans doute aussi un manque de vision stratégique sur l'importance de cette formation, non seulement au niveau national, mais en termes de rayonnement technique et intellectuel sur la scène internationale où ne pas former revient à disparaître. Former n'est pas une charge, mais un investissement indispensable à la préparation du futur. La réparation a pris du temps. Il est facile de supprimer d'un trait de plume une formation, la réinstaller pose des questions budgétaires qui rendent timides des hauts dirigeants formés à la toise des tableurs comptables tout en posant la question de la validation des diplômes reconstruits. C'est alors au politique de reprendre la main. Il a fallu six longues années pour qu'un cursus d'ingénieur gestionnaire forestier soit de nouveau identifié dans le paysage de l'enseignement supérieur français ! Ce point particulier ne fait que refléter la cécité à l'égard du travail forestier et de son apport pour notre environnement économique, social et écologique.

Mais peut-être était-ce un signe des temps ? La crise des vocations pour les métiers de gestionnaires de forêt est en effet réelle, depuis les emplois d'ouvriers sylviculteurs et de bûcherons à ceux d'ingénieurs forestiers. Le phénomène n'est pas seulement français ; il touche l'Europe. Pourtant, tandis que l'avenir de nos forêts arpente un chemin semé d'incertitudes grandissantes, un besoin urgent de bras et de matière grise se fait sentir pour préparer dès aujourd'hui la forêt du futur.

Au regard des études relatives aux volontés de la jeunesse, à sa prise de conscience des enjeux environnementaux, une telle évolution a de quoi surprendre. Mais peut-être sommes-nous collectivement aveuglés par la puissance des militants qui cacherait une apathie générale, une indécision, voire une ignorance du secteur. En quoi cela serait-il surprenant, d'ailleurs, qu'une société urbaine ignore l'espace forestier et ses usages détachés des loisirs périurbains ?

Sans doute faut-il mieux communiquer, approcher ce public éloigné, lui dire la valorisation du geste professionnel qui s'inscrit dans le temps des générations. Au milieu du XIXe siècle, Lorentz n'expliquait-il pas dans son cours élémentaire de culture du bois qu'il fallait aborder la foresterie comme « une science d'application qui ne peut être assise solidement que sur le terrain de l'expérience ». Le geste n'est pourtant semble-t-il pas suffisant. Il faut alors se déplacer vers le bilan comptable pour s'intéresser aux grilles de rémunérations, notamment dans le secteur public, dans lesquelles certains métiers au cœur même du devenir de la forêt sont dévalorisés[1]. Dans un monde matérialiste qui fait de la richesse un marqueur de réussite et d'utilité sociale, difficile d'expliquer que valoriser mieux ne passerait pas par les salaires tandis que les charges de travail augmentent. Pourtant nécessaire, une telle approche n'est pas suffisante. Elle passe même à côté, peut-être, de l'essentiel. Sous cet angle, la

1. Un parallèle peut être fait ici avec la dévalorisation des rémunérations des enseignants depuis quarante ans.

reconnaissance symbolique compte autant pour les forestiers en place. L'écoute de leur parole, de leurs alertes, des difficultés auxquelles ils sont confrontés seraient un pas important dans cette reconnaissance. Dévalorisés financièrement, largement ignorés techniquement, n'en jetez plus.

Connaître les causes de ce manque de reconnaissance s'impose pour en comprendre les ressorts. Trois éléments peuvent être mis en avant :

– un manque récurrent de communication des forestiers vers la société et une absence de mise en valeur des compétences forestières par les médias, sauf en période de feux de forêts ou de mise en œuvre d'opérations sylvicoles sensibles ;

– un manque de formation/d'enseignement forestier dans nos écoles et tout au long de la scolarité, voire dans les parcours de la formation continue professionnelle ;

– une raréfaction de la présence des ingénieurs et autres spécialistes des questions forestières dans les services centraux de l'État, éloignant le sujet du top management de l'administration. Ici la mort de l'Administration des eaux et forêts a joué un rôle considérable.

Concernant le premier point, les forestiers sont désormais mieux formés pour faire partager leur connaissance sur la forêt, mais aussi leurs incertitudes sur les choix à opérer pour mettre en œuvre les parcours techniques idoines. Même si l'histoire montre des erreurs, il ne faut jamais oublier les conditions qui ont présidé aux choix opérés sous peine, souvent, de risquer l'anachronisme. À ce titre, un dialogue constant s'impose entre les forestiers, les auteurs des normes et nos concitoyens, qui doivent aussi admettre de leur côté que le regard des professionnels (ingénieurs, naturalistes, etc.) n'est pas équivalent à celui des bénéficiaires ou usagers de la nature. À cette condition, seulement, nous pourrons mieux définir et faire partager l'itinéraire technique idoine pour intégrer l'ensemble de demandes parfois contradictoires. Tout en sachant que la demande d'aujourd'hui ne sera pas nécessairement cohérente avec la demande de demain…

La sensibilisation aux questions forestières, la prise de conscience de l'apport de la forêt dans les parcours éducatifs manquent singulièrement alors même que la Charte de l'environnement appui leur rôle en posant que « l'éducation et la formation à l'environnement doivent contribuer à l'exercice des droits et devoirs définis par la présente Charte » (art. 8). Les sorties ou les interventions dans le milieu scolaire par les forestiers, notamment ceux de l'ONF, étaient fréquentes. Mais la réduction drastique des effectifs dont nous avons déjà parlé ne permet plus de travailler en étroite collaboration avec les enseignants sur une éducation aux sujets de la forêt.

Certaines comparaisons sont d'ailleurs cruelles. Par exemple, les enseignants finlandais font régulièrement cours en forêt, quelles que soient la saison et la météo. Ils développent une pédagogie particulière jumelant les connaissances théoriques indispensables à l'acquisition de connaissances générales à une approche pratique et concrète du fonctionnement de l'écosystème forestier. L'expérience finlandaise est intéressante car elle prend en compte une donnée économique et sociale extrêmement importante pour le pays dont la bioéconomie repose sur la forêt[1]. Une telle formation adaptée chez nous ne conduirait pas nos enfants à devenir tous forestiers. En revanche, ils bénéficieraient d'un tronc commun de connaissance qui leur permettrait de contribuer à la préservation de ce patrimoine commun et de mieux comprendre les opérations sylvicoles mises en œuvre par les forestiers.

---

1. La géographie finlandaise est évidemment intimement liée à ces pratiques.

Nous disions plus haut la meilleure acceptation des coupes dans l'espace landais. Nous rappelions l'importance culturelle et économique de la forêt dans ce territoire, qui implique que chacun sait ce qu'il lui doit, et comment. Mais cela n'empêche pas des comportements de plus en plus risqués, notamment en période de fortes chaleurs et de sécheresse, par la méconnaissance croissante de la forêt. Comment, par exemple, ignorer que jeter un mégot en bord de forêt par 40 °C, tandis que les médias font écho de feux partout en France, ou d'allumer un barbecue en lisière de forêt sur une aire de repos... sont des actes insensés ? L'on peut à l'évidence ignorer les interdictions légales et réglementaires d'allumer un feu à moins de 200 mètres d'une forêt (art. L. 131-1 C. for.) – le code forestier est rarement un livre de chevet. Mais a-t-on besoin de connaître le droit pour adopter un comportement de prudence minimale ? Ici, l'éducation à la nature doit jouer un rôle central. L'information quotidienne compte évidemment dans cette réappropriation individuelle et collective des mécanismes du vivant et, à cet égard, la mise en place d'une météo forestière ne peut qu'être utile si elle est accompagnée d'une véritable volonté pédagogique destinée au grand public. À force d'avoir tiré le fil de notre supériorité et de notre isolement à l'endroit d'un écosystème que notre civilisation a mis en coupe réglée à son service, nous avons inculqué une culture d'ignorance contre laquelle il nous faut combattre.

Pour qu'une politique forestière et le travail des forestiers soient compris, pour parvenir à créer des vocations aux métiers de la forêt, il apparaît indispensable de mieux intégrer celle-ci dans les parcours pédagogiques et ainsi éclairer la conscience de nos concitoyens sur notre devoir collectif de contribuer à la transmission de notre patrimoine naturel dans lequel la forêt occupe une place prépondérante. Difficile, sans doute, tant nous demandons chaque jour à l'école et aux enseignants de pallier les défaillances collectives de l'éducation à l'égard des générations futures. Pourtant, les bouleversements que les évolutions du climat ont déjà commencé à générer incitent à imaginer d'autres voies d'éducation à la nature que celles que nous connaissons aujourd'hui. Là aussi, le paradigme climatique impose des obligations nouvelles.

Comprenons-nous bien. Il s'agit d'inscrire pour tous dans les faits une volonté déjà présente dans les textes. Ce parcours pédagogique touche l'école. La formation scolaire vise en effet notamment à développer « les connaissances scientifiques, les compétences et la culture nécessaires à la compréhension des enjeux environnementaux, sanitaires, sociaux et économiques de la transition écologique et du développement durable » (art. L. 111-2 code de l'Éducation). Encore faut-il à la fois en donner les moyens à l'école et ne pas s'arrêter là, continuer l'action éducative et informative hors ce cadre de la formation initiale.

Si les forestiers œuvrent pour que les 17 millions d'hectares de forêts ne s'étiolent pas sur notre territoire, préparons-nous dès maintenant au fait que la forêt de nos petits enfants n'aura pas le même aspect que celle que nous côtoyons. Les essences présentes sur nos territoires vont changer avec l'adaptation au réchauffement. Ici, le chêne pourra être remplacé par le pin d'Alep, là telle ou telle autre essence devenue seule capable de résister remplacera le hêtre, le châtaignier, l'épicéa… C'est dire le besoin de pédagogie devant la transformation du paysage à venir, devant les coupes qui ne manqueront pas d'interroger sinon de révolter.

Les décideurs publics sont-ils eux-mêmes assez informés ? Ce n'est pas certain. Aussi, comme les climatologues allés à la rencontre des nouveaux députés en juin 2022 pour diffuser le savoir sur le réchauffement climatique, les forestiers sont-ils allés vers les élus à l'automne de cette même année. Mais là encore, le questionnement s'impose. Pourquoi ce besoin dans un pays qui compte plus de 13 000 communes forestières, soit autant de maires et plus encore d'adjoints et conseillers municipaux imprégnés de culture forestière, formés, informés, passionnés souvent aux premières loges des enjeux multiples qu'affrontent leurs forêts ? Peut-être parce que malgré les quelques spécialistes parlementaires éminents, le sujet reste mineur pour la société. Peut-être alors le dialogue imparfait entre les échelons territoriaux jusqu'au Parlement est-il responsable d'une invisibilisation relative. La mécanique politique doit, sous ce prisme, être interrogée pour comprendre le peu de reprise – jusqu'à présent – des rapports parlementaires multiples sur le sujet malgré le réel engagement de leurs rédacteurs.

La question posée de la formation des élus nous amène à mesurer combien la pédagogie passe aussi par le dialogue permanent, l'explication et la transparence à l'égard des voisinages forestiers. À cet égard, les institutions doivent désormais modifier leur approche du dialogue avec les citoyens en intégrant une modification du regard sur l'environnement. Bien sûr, une conflictualité résolue persistera de la part de groupes militants dont l'objet est de remettre en cause les modèles existants. Mais encore faut-il convaincre le grand public si nous voulons avoir une chance de préserver la légitimité de considérer l'espace forestier comme un espace économique et social à part entière tout en nous dépouillant d'une philosophie qui fait de la nature et des territoires des « contraintes à surmonter dans le cadre d'une rationalité politique organisée pour stimuler la conquête de la productivité[1] ».

Même si trop de managers de la chose publique se désintéressent aujourd'hui ouvertement des leçons de l'histoire, il

1. Pierre Charbonnier, « Ouvrir la brèche politique du monde post carbone », *Le Grand Continent*, 14 juin 2021.

est bon de rappeler que la très bonne réputation des forestiers publics contemporains mérite une mise en perspective. L'Administration des eaux et forêts a ainsi longtemps été le symbole de cet État lointain, technicien fermé aux cultures et usages locaux dont il ignorait souverainement les raisons. Sous cet angle, le centralisme n'est pas une tare propre à notre société contemporaine ; il a en réalité toujours soulevé l'ire des populations confrontées à des comportements et un droit de l'État qu'elles réprouvaient. L'histoire des révoltes paysannes contre les interdictions d'usages agricoles de la forêt en est un exemple populaire. Sur le comportement des agents, officiers, il n'ait qu'à lire les cahiers de doléances de la France de 1789 pour se convaincre de l'odieuse réputation des préposés à la garde des forêts royales, confondant les pouvoirs de surveillance et de jugement… Un siècle plus tard, marqué par la séparation juridique et la spécialisation économique de la forêt à l'égard de l'agriculture, dans les années 1880, l'hémicycle de l'Assemblée nationale résonnait des mêmes critiques de violence administrative envers des agents forestiers lorsqu'il s'agissait de mettre en œuvre par exemple la politique de restauration des terrains de montagne, pourtant stratégique pour la sécurité des populations[1].

C'est contre cet isolement à l'égard du public et de l'évolution des idées que l'Institution forestière doit continuer de lutter, d'autant plus au moment où la forêt retrouve une aura symbolique forte jumelée à une relative ignorance du grand public des techniques qui en guident l'entretien. Si les efforts opérés par l'ONF sont louables, en créant des espaces pédagogiques en forêt (en novembre 2022, 3 espaces existent, à Seillon dans l'Ain, Bercé dans la Sarthe et Coulmes en Isère) ou en nommant des agents dévolus aux missions de dialogue

1. Sur cette question, voir Daniel Perron, *La forêt française*, *op. cit.*, 2021.

forêt/société, tout un mode de fonctionnement devrait être audité. Une affaire tranchée par le Conseil d'État le 27 septembre 2022 éclaire ce besoin de faire le lien à l'heure du soupçon généralisé et rappelle à l'opérateur public ses obligations envers le public.

En forêt domaniale de Mormal, forêt de 9163 hectares dans le département du Nord, l'association Mormal Forêt Agir avait demandé à l'ONF la communication des pages et des annexes non publiées du document d'aménagement de la forêt ainsi que des volumes de bois récoltés et des surfaces exploitées annuellement depuis 2014. L'absence de réponse de l'ONF valant rejet implicite de communication, l'association avait saisi le tribunal administratif en vue d'obtenir les informations demandées.

En droit, la question est intéressante. L'établissement public industriel et commercial ONF est en effet à la fois une entreprise dont il est possible de reconnaître l'intérêt à préserver la discrétion sur ses actions pour des raisons économiques – jusqu'à la reconnaissance du droit au secret des affaires –, mais il est aussi en charge d'un espace sur lequel les citoyens ont un légitime droit de regard consacré dans la Chartes de l'environnement[1] du fait de son caractère environnemental et paysager.

Pour les forêts, le législateur a prévu à travers l'article L. 122-6 du code forestier que « les programmes régionaux de la forêt et du bois, les directives et schémas régionaux ainsi que les documents d'aménagement pour leur partie technique sont communicables à toute personne, à sa demande et à ses frais ». Autrement dit, l'Administration saisie ne peut s'opposer à communiquer les pièces ainsi énumérées sans contrevenir à ses obligations à l'égard du public.

---

1. Loi constitutionnelle n° 2005-205 du 1er mars 2005 relative à la Charte de l'environnement, *J.O.*, n° 0051, 2 mars 2005, p. 3697.

C'est ce que rappelle le Conseil d'État dans sa décision du 27 septembre 2022[1]. Il s'appuie en outre sur l'article L. 124-3 du code de l'environnement qui prévoit notamment que toute personne qui en fait la demande reçoit communication des informations relatives à l'environnement détenues par l'État, les collectivités territoriales et leurs groupements, les établissements publics. L'ONF étant un établissement public, il doit se conformer à cette obligation dans la mesure où, comme il est prévu à l'article L. 311-6 du code des relations entre l'administration et le public, l'information ne porte pas atteinte au « secret des affaires, lequel comprend le secret des procédés, des informations économiques et financières et des stratégies commerciales ou industrielles et est apprécié en tenant compte, le cas échéant, du fait que la mission de service public de l'administration mentionnée au premier alinéa de l'article L. 300-2 est soumise à la concurrence ». En l'espèce, le juge fait droit au secret des affaires pour les informations relatives à la recette pouvant être tirée de la vente des volumes de bois susceptibles d'être mis sur le marché et les prix attendus ainsi que celles concernant les recettes et les dépenses attendues au titre de la gestion de la forêt de Mormal contenues dans les documents. En revanche, le juge impose de communiquer les informations concernant la prévision détaillée des volumes de bois à récolter et celles concernant les indicateurs nationaux de suivi. Du point de vue de la transparence de la gestion, il va donc être désormais aisé de connaître les volumes destinés à être coupés et la réalité de ces coupes. Un droit de regard citoyen est donc consacré. Il répond à l'extensification du domaine du droit à la protection de la nature. Reste à savoir comment cela s'articulera dans le futur avec la consécration croissante des droits des entreprises reconnus par les législateurs qui en

1. Conseil d'État, 10e-9e chambres réunies, 27/09/2022, 451627.

viennent à concurrencer les droits humains au nom de l'intérêt économique.

On l'aura compris, la transparence est un atout lorsqu'il s'agit de gérer un espace naturel. Bien sûr, celle-ci peut faire naître des débats, parfois virulents. Mais il y a plus à gagner à communiquer sur le réel qu'à s'enfermer dans un isolement forcément suspecté de cacher une faute, bien souvent inexistante. En revanche, cette transparence oblige l'opérateur à des pratiques constantes, sous peine de soulever l'incompréhension et donc l'opposition. En matière forestière, le respect des aménagements est la base de cette confiance. Nous l'avons montré en abordant les questions de futaie régulière, irrégulière, avec les pratiques de taillis sous futaie ou de futaie jardinée par exemple, les méthodes de gestions sont multiples et répondent chacune à des enjeux techniques et ou économiques qui guident les choix. Ceux-ci ne peuvent être dictés par d'autres acteurs que les opérateurs dans le respect du droit positif. Le débat existera ; il ne faut pas en avoir peur. Il sera toujours profitable s'il repose sur des bases saines et le respect de l'art.

Faut-il alors imaginer que la transparence puisse s'accompagner d'un nouveau mode de gouvernance ? Aller vers une gouvernance partagée pourrait prendre un sens nouveau à l'heure du nécessaire virage du soin apporté à la nature. La transparence imposée par le droit laisse entrevoir cette éventualité dans une période institutionnelle de grande défiance à l'égard des décisions publiques.

En effet, si l'on considère la forêt comme un bien d'intérêt général sinon un bien commun, la gouvernance partagée de son devenir apparaît une voie d'évolution logique dans le sens où elle pose la définition d'une nouvelle préhension de la notion de performance appliquée à l'action en mêlant la prise en compte, dès l'amont de l'ensemble des intérêts représentés par les acteurs et usagers de la gestion forestière[1]. À bien y regarder, d'ailleurs, le conseil d'administration de l'ONF, établissement public industriel et commercial, fait place non seulement aux salariés, mais aussi aux communes forestières, aux régions, aux chasseurs et aux associations environnementalistes. Certes, la primauté du nombre, et donc le choix final des orientations notamment budgétaires, permet à l'État de garder la mainmise si l'ensemble des autres représentants ne se lie pas, mais il est difficile, sans fragiliser l'édifice, de refuser en permanence d'entendre les messages que ces acteurs délivrent. Même en partie cosmétique, cette participation des acteurs a donc un réel effet sur la culture interne de l'établissement.

Au-delà de sa direction centrale, sur le terrain cela pourrait signifier pour l'ONF de mieux impliquer les usagers de la forêt. Tous, promeneurs, chasseurs, entreprises intervenantes, communes même en forêt domaniale, associations environnementales… Il n'est pas certain que les participants méconnaîtraient le besoin des coupes. La chasse, dont nous avons parlé, est l'exemple de ces sujets conflictuels où l'on peut trouver des solutions partagées notamment par le fait que la régulation est jugée indispensable par la majorité des Français. S'il faut préserver le leadership des forestiers, de l'entreprise, la nature territoriale de l'établissement gestionnaire des forêts des personnes publiques mérite sans doute une plus grande proximité, un plus grand partage des données. Or de ce point de vue, le partage dépend encore trop des volontés personnelles des dirigeants, et n'est pas clairement institué. Déjà, des efforts pourraient être faits à l'égard de tous les élus du territoire, les parlementaires en premier lieu, sans doute trop

1. Pour un exemple d'analyse de la gouvernance partagée, voir Gabrielle Halpern, *Partager la gouvernance pour de meilleures performances : l'hybridation en actes*, Fondation Jean-Jaurès, 17 avril 2023.

ignorés du fait de leur non-spécialité forestière[1]. À l'heure du réchauffement climatique, du risque incendie, une plus grande proximité avec ces élus représentants de la nation très ancrés sur leurs territoires est souhaitable.

À cette condition, nous pourrons durablement compter sur la compréhension des enjeux forestiers qui conditionnent la récolte de bois pour répondre aux défis environnementaux auxquels l'humanité est confrontée. Encore faut-il aider les propriétaires privés dans ce travail de lien avec la société. N'oublions pas en effet que seules 25 % de nos surfaces forestières sont gérées par l'ONF et ses presque 8000 agents. L'établissement a les moyens de cette médiation dans le ressort qu'il occupe. Tel n'est pas le cas pour les propriétaires privés. Les coopératives pourraient avoir un rôle, mais il est difficile d'être acteur économique privé et médiateur. Une position de neutralité s'impose. Le modèle des institutions agricoles et alimentaires où les médiateurs ont fait une récente apparition après que le législateur les ont installés, pourrait peut-être servir de fondement d'une évolution qui favoriserait l'émergence d'un médiateur spécialisé placé sous l'égide du ministère chargé des forêts. Après tout, ce ministère n'est-il pas responsable à la fois de la définition de la politique publique forestière, de la formation des forestiers, de la mise en œuvre et du contrôle à travers ses établissements publics comme ses services déconcentrés ? Les pratiques juridictionnelles et le resserrement des conditions de saisine du juge que nous observons depuis quelques années incitent à la création d'un médiateur des bois et forêts pour engager le dialogue en évitant le conflit. Là encore le dialogue est un préalable aux réorientations des usages de la forêt.

1. Il faut rappeler que l'article L.112-1 du code forestier place les forêts, bois et arbres sous la sauvegarde de la nation. En ce sens, informer les députés, représentants de la nation, apparaît fondamental.

Le nouveau contrat avec la société passe donc par une approche renouvelée du dialogue entre les citoyens et les acteurs de la filière sur un espace désormais identifié comme d'intérêt général sinon comme un bien commun dans une société où la première leçon à apprendre est que « le dualisme homme-nature n'est plus tenable au regard de l'Anthropocène[1] ».

1. Dominique Bourg, *Une nouvelle Terre*, Paris, Presses universitaires de France, 2022, p. 34.

Conclusion : Vers le sylvocène ?

Au terme de ce parcours à travers les apports de la forêt et du bois pour notre avenir, les mots du juriste et philosophe belge François Ost reviennent à l'esprit :

> Désormais, l'état de délabrement de la planète est tel que l'écologie devient un problème de société, un enjeu politique ensuite, un terrain réglementaire enfin. L'État, devenu interventionniste, ne peut plus ignorer les déséquilibres écologiques qui menacent[1].

Depuis cette sentence, les dégradations se sont amplifiées. Loin de ralentir, nous avons accéléré. Si les États ont agi et agissent effectivement, fait grandir l'arsenal juridique – souvent sous les coups de boutoir des juges saisis par les défenseurs de l'environnement – susceptible de venir défendre la planète contre le fait de l'homme, force est de constater que l'accélération actuelle de la prise de conscience sous l'effet des désastres environnementaux[2] ne cache pas les carences tant à l'échelle

1. François Ost, *La nature hors la loi. L'écologie à l'épreuve du droit*, Paris, La Découverte, 1995, p. 89.
2. Il faut citer le One Forest Summit de mars 2023 dans lequel la France a pris une part importante et, le 8 mai 2023, la communication de l'ONU lors de l'ouverture de la 18e session du Forum des Nations

nationale qu'internationale de l'intervention politique. Il n'est pas surprenant alors qu'une partie de la jeunesse soit poussée à revendiquer son droit inscrit dans les textes de vivre dans un futur sain que les différentes grand-messes internationales sur le climat ne parviennent pas à construire clairement.

« Il suffit de marcher dans une forêt pour redevenir le premier homme[1] », écrit Dominique Roques. Il est encore temps d'agir pour préserver cette sensation. Mais la dette à l'égard de nos enfants s'accroît. En matière forestière, les conséquences du retard pris dans la gouvernance mondiale sont dramatiques pour la déforestation. Si les choses sont différentes à l'échelon régional et national pour nous, Français et Européens, il n'en demeure pas moins que nous tardons collectivement à prendre la mesure de la révolution forestière impliquée par le réchauffement climatique et l'effondrement de la biodiversité. La civilisation qui s'est largement construite contre la forêt va devoir apprendre à vivre avec elle, comme elle va devoir réapprendre à vivre en symbiose avec le sauvage. D'objet, la nature devient sujet, en accompagnement de la renaissance plus que symbolique de Gaïa tandis que nous découvrons tardivement les effets de la symbiose sur l'humanité.

Pour que l'aphorisme de François René de Chateaubriand : « Les forêts précèdent les peuples, les déserts les suivent » ne se réalise pas, il est urgent que la France, berceau historique du principe de gestion durable des forêts et pays fondateur de la première école forestière, débatte réellement d'une politique forestière ambitieuse et s'engage au-delà de l'impressionnisme

---

unies sur les forêts dans laquelle le président Zéphyrin Maniratanga a exprimé l'idée qu'il faut « sortir les forêts des silos dans lesquels elles ont longtemps été confinées pour les envisager de manière hollistique ».

1. Dominique Roques, *Le parfum des forêts. L'homme et l'arbre, un lien millénaire*, Paris, Grasset et Fasquelle, 2023, p. 10.

qui caractérise trop souvent son approche. Force est en effet de constater que depuis plusieurs décennies maintenant celle-ci est devenue un parent pauvre des politiques publiques alors qu'elle semble prendre plus d'importance chez nombre de nos voisins européens. Non pas que nous ne fassions rien. Ce n'est pas vrai. Le plan de relance pour la filière comme l'annonce de la plantation d'un milliard d'arbres ou encore la loi du 10 juillet 2023 prouvent un intérêt réel. Mais la coordination, la vision d'ensemble et l'élan politiques semblent faire défaut. À titre d'exemple l'État fédéral allemand, alors que les compétences forestières relèvent des Länder, a décidé pour aider les propriétaires forestiers de verser une aide minimale de 100 euros par ha de forêt certifiée. En France pour les 9 millions d'hectares de forêts certifiées, 900 millions d'euros seraient nécessaires, qu'il faut comparer au budget annuel de la forêt ainsi qu'aux efforts budgétaires ponctuels. De même le gouvernement tchèque a mis en place un programme d'investissement pour la forêt de 800 millions d'euros pour adapter leurs 2,6 millions d'hectares de forêt aux défis actuels. Au prorata de la surface, un tel investissement représenterait plus de 5 milliards d'euros pour la forêt française. Sans doute les situations initiales sont-elles différentes. Pour autant, il est intéressant de comparer l'état des volontés et débats nationaux pour envisager les virages à prendre.

Le message principal que nous voudrions partager est au fond qu'en période de transition écologique, placer la forêt dans les objectifs prioritaires des politiques publiques au nom du bien commun qu'elle représente est une évidence encore ignorée. Envisageons le pire : que se passerait-il, en effet, si nos forêts disparaissaient :

– pour la sécurité civile de nos concitoyens en montagne et leurs vallées ;

– pour la sécurité civile de nos concitoyens habitant et travaillant aux abords des torrents, rivières et fleuve ;

– pour la qualité de l'air que nous respirerons ;
– pour l'érosion éolienne des sols notamment agricoles ;
– pour la biodiversité globale où les forêts jouent un rôle régulateur majeur ;
– pour la production de matériau pour nous mettre à l'abri des intempéries ;
– pour la captation et le stockage du carbone ?

Évidemment, nous n'en sommes pas là. Mais l'exercice intellectuel qui consiste à imaginer une déforestation conduit à penser à la fois les politiques de soutien dont la forêt a besoin et ce qu'elles sont à l'instant *t*.

Loin d'être ce qu'elle apparaît à nos regards momentanés, la forêt n'est ni immuable ni intemporelle. Rappelons une dernière fois que, en France, nous comptons deux fois plus de surfaces forestières aujourd'hui qu'en 1830 ! Outre l'effacement du bois énergie, la politique intensive de reboisement à compter du milieu du XIXe siècle puis la régénération naturelle des terrains abandonnés de l'agriculture depuis le début des années 1960 en sont à l'origine.

Dans ce paysage que nous avions collectivement pu estimer stabilisé, désormais la question de l'eau, des sécheresses à répétition, devient primordiale[1]. Nous avons montré la centralité des forêts dans le cycle de l'eau, leur sensibilité aux conditions

1. Le rapport de la Cour des comptes rendu en juillet 2023 intitulé : *La gestion quantitative de l'eau en période de changement climatique* indique, en s'appuyant sur l'Agence européenne de l'environnement, qu'« en 2030, 30 % des Européens pourraient être atteints par des tensions sur l'approvisionnement en eau tout au long de l'année, et 45 % en été ». Devant une situation très mouvante mais alarmante au regard des études, la Cour estime que « la réduction des prélèvements apparaît comme l'unique solution à même de résoudre à court terme le problème fondamental du déséquilibre entre la disponibilité de la ressource et le niveau de ces prélèvements ».

hydriques générales et locales. Le réchauffement climatique engage ici des conséquences désastreuses pour l'adaptation des essences d'arbres à une vitesse inédite. Au point que nous savons déjà que nos paysages forestiers seront transformés à court terme. Cette question de l'eau rejaillit ainsi sur l'ensemble d'une filière économique qui devra adapter ses pratiques pour répondre aux conséquences qu'elle engendre.

Dès lors, devant les mutations à venir, il est temps de poser une vision stratégique collective. Elle passe par la traduction institutionnelle d'une volonté politique prenant appui à la fois sur les gestionnaires, publics et privés, les forestiers eux-mêmes, techniciens d'un terrain qui se transforme à une vitesse jusqu'alors inconnue, mais aussi des autres usagers des forêts tant il est vrai qu'ils sont désormais inclus dans l'édification des nouveaux rapports à l'environnement. À cet égard, il faut dire un mot de la relation de la forêt à l'agriculture. La spécialisation des espaces opérée depuis le XIXe siècle semble désormais vouée à la discussion si nous avons l'ambition de reconquérir une souveraineté alimentaire largement perdue. Pas question, ici, de défricher à nouveau si nous considérons l'enjeu climatique et le rôle de puits de carbone de la forêt souligné par le GIEC qui appelle à reforester le monde. Nos modes de production agricole et notre alimentation qui incitent à la déforestation importée doivent changer. Un chantier considérable est devant nous.

La question forestière est une question démocratique. Puisque nous savons enfin la dépendance de l'humanité à ses forêts, sachons en tirer parti pour faire émerger de nouveaux rapports plus respectueux de nos canopées.

Bien sûr, chaque pays souverain doit mener une politique active pour lancer la forêt à l'assaut des effets de l'anthropocène. Mais c'est à l'échelon international et dans les philosophies politiques qu'il faut mener le combat. Peut-être alors pourrons-nous ériger un « sylvocène » contre l'anthropocène.

Lexique

Abroutissement (bois abroutis) : Résultat de la consommation par les animaux des végétaux ligneux ou non.

Accroissement : Augmentation du volume des arbres.

Bois d'industrie : Bois de qualité de deuxième choix.

Bois d'œuvre : Bois de qualité de premier choix.

Bois de trituration : Une qualité de bois de troisième choix.

Bois énergie : Tous les déchets issus de la transformation du bois et du bois bûche transformés en copeaux ou en granulés à fin énergétique.

Canopée : Ensemble des houppiers des arbres.

Classe d'âge : Regroupe les arbres qui ont potentiellement le même âge à quelques années près ; généralement entre 10 et 20 ans.

Coupe : Désigne la surface de forêt dans laquelle des arbres sont coupés. Terme souvent utilisé par les bûcherons.

Coupe d'amélioration : Opération sylvicole qui consiste à retirer les arbres qui peuvent contrarier la croissance des arbres objectifs.

Coupe d'éclaircie : Opération sylvicole qui consiste à réduire le nombre d'arbres à l'hectare pour favoriser la croissance en hauteur et en diamètre des arbres restant.

Coupe d'ensemencement : Opération sylvicole qui consiste à amener de la lumière au sol pour favoriser la croissance des jeunes arbres dans un peuplement adulte arrivé à maturité.

Coupe définitive : Opération sylvicole qui consiste à récolter les derniers arbres une fois la régénération bien installée.

Coupe de régénération : Opération sylvicole pour renouveler le peuplement adulte en place arrivé à maturité.

Coupe réglée : Opération sylvicole prévue dans les documents de gestion et respectueuse de ces documents.

Coupe sanitaire : Opération sylvicole qui consiste à retirer les arbres dont le maintien pourrait générer des transmissions de maladies aux autres arbres de la forêt.

Coupe secondaire : Opération sylvicole réalisée après la coupe d'ensemencement et avant la coupe définitive.

Couvert continu : Mode de gestion forestière, souvent dénommé gestion arbre par arbre, qui se décline en plusieurs types, de la futaie irrégulière à la futaie jardinée.

Débroussaillement : Opération de réduction des végétaux combustibles de toute nature dans le but de diminuer l'intensité du feu et de limiter la propagation des incendies.

Défrichement : Changement de la destination forestière du sol.

Dégagement : Intervention qui consiste à travailler au profit des très jeunes arbres qui pourraient être étouffés, par la ronce par exemple.

Éclaircie : Opération de sélection à l'aide d'une coupe au profit des sujets ayant les meilleures caractéristiques techniques.

Essence : Espèce végétale en forêt.

Futaie : Forêt issue de semis ou plants.

Futaie irrégulière : Les arbres sont gérés de manière individuelle. L'équilibre est apprécié sur l'ensemble de la forêt concernée.

Futaie jardinée : Toutes les classes d'âges des arbres sont réparties suivant une norme de répartition prédéfinie sur toutes les parcelles de la forêt.

Futaie régulière : Tous les arbres, issus de graines, d'une même parcelle ont le même âge.

Régénération : Renouvellement d'un peuplement forestier adulte ou d'arbres adultes.

Semis : Jeunes arbres issus des graines du peuplement en place.

Sous-étage : Tout ce qui ne se trouve pas dans les étages dominants et dominés de la forêt.

Taillis : Peuplement forestier issu de rejets de souches. Si les arbres sont tous coupés en même temps on parle de taillis simple ; s'il est fait un choix de laisser au moins une tige par cépée on parle de taillis fûreté.

Taillis sous futaie : Mélange entre des arbres issus de cépées et d'arbres issus de graines ou dits de franc pied. Mode de gestion forestière qui permettait originellement d'obtenir à la fois du bois de chauffage (taillis) et du bois d'œuvre (futaie).

Verger à graines : Verger où les arbres sont soumis à différentes opérations qui les contraignent à fructifier très rapidement.

Volume sur pied : Volume estimé pour chaque arbre.

Table des matières

Pour limiter l'empreinte environnementale de leurs livres,
les éditions de l'Aube font le choix de papiers
issus de forêts durablement gérées et de sources contrôlées.

Achevé d'imprimer en septembre 2023
sur les presses de l'imprimerie Laballery
pour le compte des éditions de l'Aube
331, rue Amédée-Giniès, F-84240 La Tour-d'Aigues

Numéro d'édition : 5676
Dépôt légal : octobre 2023
Numéro d'impression : 307518

Imprimé en France